中華古籍保護計劃

ZHONG HUA GU JI BAO HU JI HUA CHENG GUO

·成果·

（漢）班固　撰

元本白虎通德論

第一册

國家圖書館出版社

圖書在版編目(CIP)數據

元本白虎通德論:全二册/(漢)班固撰.—北京:國家圖書館出版社,2019.9

(國學基本典籍叢刊)

ISBN 978-7-5013-6702-3

Ⅰ.①元… Ⅱ.①班… Ⅲ.①經學—中國—東漢時代 Ⅳ.①B234.991

中國版本圖書館 CIP 數據核字(2019)第 050847 號

書　　名	元本白虎通德論(全二册)
著　　者	(漢)班固　撰
責任編輯	南江濤
封面設計	徐新狀

出版發行	國家圖書館出版社(北京市西城區文津街 7 號　100034) (原書目文獻出版社　北京圖書館出版社) 010-66114536　63802249　nlcpress@nlc.cn(郵購)
網　　址	http://www.nlcpress.com
印　　裝	北京市通州興龍印刷廠
版次印次	2019 年 9 月第 1 版　2019 年 9 月第 1 次印刷

開　　本	880×1230(毫米)　1/32
印　　張	11
書　　號	ISBN 978-7-5013-6702-3
定　　價	40.00 圓

《國學基本典籍叢刊》編委會

《國學基本典籍叢刊》前言

國家圖書館出版社（原書目文獻出版社 北京圖書館出版社）成立三十多年來，出版了大量的中國傳統文化典籍。由於這些典籍的出版往往采用叢書的方式或綫裝形式，供公共圖書館和大學圖書館典藏使用，普通讀者因價格較高、部頭較大，不易購買使用。爲弘揚優秀傳統文化，滿足廣大普通讀者的需求，現將經、史、子、集各部的常用典籍，選擇善本，分輯陸續出版單行本。每書之前均加簡要説明，必要者加編目録和索引，總名《國學基本典籍叢刊》。歡迎讀者提出寶貴意見和建議，以使這項工作逐步完善。

編委會

二〇一六年四月

序言

《白虎通》，或作《白虎通義》《白虎通德論》，舊稱東漢班固撰，其産生具有特定的學術與社會背景。

西漢武帝之後，經今、古文的差異與經學家法之分别，使得諸儒説經紛然淆亂，使得經學文本不僅在文字上出現差異，在對典章制度的解釋上，也衆説紛紜。因此，經學上亟須統一衆説，爲社會提供一個統一的範本。在此背景下，西漢宣帝甘露三年（公元前五十一），在石渠『詔諸儒講《五經》同異』；東漢章帝建初四年（七十九），又仿石渠故事，在白虎觀『講議《五經》同異』。在這兩次『講《五經》同異』之間，開始出現『通人』的説法；反映在經學文本上，則開始有『通義』之需求。『通』之觀念的出現，是《白虎通》《風俗通》一類著述産生的學術與社會背景，體現了『通』之認識在不同領域的應用情況。

《白虎通》主要針對《五經》同異與典章制度而發，對當時人治《五經》有重要價值。然其作者、書名、卷數、部類，歷代著録各有不同。

關於書名問題，四庫館臣以爲李賢注《後漢書》已稱《白虎通義》，則班固撰集後即題名如此；其中之『義』字，乃《隋志》刪去，故『唐劉知幾《史通序》引《白虎通》《風俗通》爲説，實則遞相祖襲，忘其本始』。然梁沈約《宋書》、梁蕭子顯《南齊書》、晉袁宏《後漢紀》、北魏酈道元《水經注》及隋唐類書《初學記》《藝文類聚》等引，皆作《白虎通》，則四庫館臣説當有可商榷之處。

《白虎通》書名争議，源於《後漢書》之記載不同，其中可見書名凡三：

一、《白虎議奏》。《後漢書》卷三《章帝紀》稱：『於是下太常，將、大夫、博士、議郎、郎官及諸生、諸儒會白虎觀，講議《五經》同異，使五官中郎將魏應承制問，侍中淳于恭奏，帝親稱制臨決，如孝宣甘露石渠故事，作《白虎議奏》。』《白虎議奏》，李賢注：『今《白虎通》。』元大德本《白虎通》，東平嚴度序認爲『淳于恭作《白虎奏議》，又《班固傳》作《白虎通德論》』，此將《白虎議奏》與《白虎通德論》視作二書。據此而言，此《議奏》，即淳于恭與其他諸生、諸儒所上奏議與章帝『臨決』之書。

二、《白虎通德論》。《後漢書》卷四〇下《班固傳》曰：『天子會諸儒講論《五經》，作《白虎通德論》，令固撰集其事。』李賢注：『章帝建初四年，詔諸王諸儒會白虎觀講議《五經》同異。』則此『德論』，當即『天子會諸儒講論《五經》』之『講論』内容。至於班固所『撰集其事』，似與《德論》非同書。四庫館臣以爲『其議奏統名《白虎通德論》』，是以《白虎議奏》《白虎通德論》爲同一書。據《後漢書·班固傳》所記，此説恐非。

三、《白虎通義》。《後漢書》卷七九上《儒林傳上》：『建初中，大會諸儒於白虎觀，考詳同異，連月乃罷。肅宗親臨稱制，如石渠故事，顧命史臣，著爲通義。』『通義』，李賢注曰：『即《白武通（議）〔義〕》是。』此處所謂『史臣』，主要指的是班固。據李賢注，班固纂集該書之時，題名即《白虎通義》，其内容當爲諸儒對《五經》『考詳同異』之後，由漢章帝『親臨稱制』之後統一的内容。

綜合以上文獻，《白虎通議奏》《白虎通德論》《白虎通義》，或爲不同之三書，其内容分別爲『奏議』『講論』『考詳同異』之後的『通義』。班固受詔纂集之《白虎通義》，即後世之《白虎通》。由於唐前著述所引皆作《白虎通》，故知當時人著述，爲稱引方便，多以此爲省稱。

至此，將班固確定爲《白虎通義》的纂集者，當無問題。該書卷數，有六卷、十卷之説，國家圖書館藏另有元、明二卷本。

該書分類，元以前皆在經部『經解類』，如《隋書》卷三二《經籍志一》，録《白虎通》六卷，與《五經》、小學並在經部《論語》類，不題撰人。《舊唐書》卷四六《經籍志一》經部『七經雜解』類，録

《白虎通》六卷，題『漢章帝撰』。《新唐書》卷五七《藝文志一》經部『經解類』，録『班固等《白虎通義》六卷』，題名『班固等撰』。《新唐書》出宋人手，書名衍『義』字或在此時； 而作者題名爲『班固等』，作者題名變化亦始於此時。《宋史》卷二〇二《藝文志一》經部『經解類』，録『班固《白虎通》十卷』，是將作者落實爲『班固』，書名卻沿襲唐前用法，卷數則變爲十卷。《四庫全書總目》子部雜家類，録『《白虎通義》四卷』，稱『今本爲元大德中劉世常所藏，凡四十四篇』，篇數同陳振孫《直齋書録解題》所録之十卷《白虎通》。《崇文總目》有《白虎通德論》十卷十四篇，四庫館臣以爲『十』前脱『四』字。由此可知，有宋著録該書，已將《白虎通》《白虎通義》《白虎通德論》視作同書。今人遂相沿成習，不辨書名、作者之流變。

今影印此書，所據版本即『元大德中劉世常所藏』舊本。前有大德九年四月中奉大夫、雲南諸路行中書省參知政事東平嚴度（字恪齋）題識及東平張楷（字克齋）《白虎通序》。嚴序首葉版心鐫『平江何永言刊』，序後有『度』『恪齋』『魯臺』三方印； 張序後，有『東平張楷』『道寧』『克齋』三方印。

據張序，此本乃耆儒李顯（字晦翁）所藏劉世常（字平父）家藏舊本。全書目録之後，又有識語，其中言『敬以家藏監本刊行』，知當爲無錫州守劉世常所題。每半葉九行（繆荃孫《藝風堂藏書記》録此本半葉八行，王重民《中國善本書提要》以爲『八』爲『九』之訛），行十七字。

目前較爲流行的《白虎通》版本，是清陳立撰、吳則虞點校的《白虎通疏證》，不僅對《白虎通》作了全面疏證，而且對莊述祖所輯七篇闕文作了通釋，其後又附録盧文弨《四十四篇闕文》、莊述祖《白虎通義考》、劉師培《白虎通義斠補》等文獻。

此元大德無錫州學刊本，版本較古，原貌猶存。如卷一《爵》引『《書逸篇》』（第二葉），《白虎通疏證》本作『《書亡逸篇》』，注曰：『小字本、元本俱無「亡」字，「亡」字當是衍文。』元本是。又卷二《謚》『强理直』之『理』下，有手添配補『勁』字，作『强理勁直』（第十六葉）。陳立所見元本亦如此，然其據《史記正義》改作『剛强理直』，並稱『小本、元本俱脱「剛」字，後人不考，乃添一「勁」字於「直」字之上，非也』。陳説未必是。此『勁』字，未必是後人『不考』妄添所致，因《四庫全書》所收元大德劉世常家藏本即作『强理勁直』，則李顯藏本之『勁』字，當是據劉世常本添補。陳立《白虎通疏證》據他書改作『剛强理直』，文意雖通，然已非大德本原貌。他如卷二《謚》『無所能務』之『務』（第十七葉），陳立據《太平御覽》改作『豫』，亦改元本舊貌。此類做法，便於讀者理解，而不利於保持元大德本原貌，是其憾事。

然此本亦有據俗本配補致訛者，如卷二《謚》『公妾所以無謚何』之『公』（第十七葉），陳立所見元本作『八』，王重民以爲此乃『舊填據俗本致訛』。李顯所持此本，號稱劉世常家藏舊本，然文字與劉世常本多有差異。

研究漢代歷史文化者，離不開對該時期典章制度、社會風俗、學術思想的深入瞭解。《白虎通》一書，是漢代經學思想的集大成者，更是研究漢代經學、史學者必備之書。今國家圖書館出版社重印此元大德九年本《白虎通》，可爲漢代文化研究者提供很大的學術便利。

孫少華

二〇一八年九月

總目録

第一册

卷三

卷四

第二冊

卷七

卷八

第一册目録

卷三

卷四

據上海圖書館藏元大德九年（一三〇五）無錫州學刻本影印原書版框高二十二點四厘米寬十六厘米

漢唐書籍以通名者五惟白虎通與風俗通行于世乃諸儒之

所討論實為鉅
典而所至缺此
板余嘗措以節之
閩如建安書市

歸為群籍所稱
訪求無有也今
錫鬯學得
劉守平父家藏

白虎通善本續
梓以廣其傳是
亦明經之一助
豈小補哉大德

乙巳四月望日
中奉大夫雲南
諸路行中書省
參知政事東平

嚴度恪齋題

白虎通序

白虎通之為書其來尚矣群書中多見其引用然不知出於何代誰氏之手考之載籍始於漢建初中丨濟于蔡作白虎奏議又班固傳作白虎通德論

平江何泰寧刊

唐藝文志之載班固著白虎通
義六卷吁甚所自歟平生欲見
其完書未之得也余分水監歷
常之無錫道郡之耆儒李顯翁
晦識余於官舍翌日攜是帙來
且云

州守劉公家藏舊本公名世常
字平父廼
大元開國之初行省公之子魯齋
許左轄之高弟收書不啻萬卷
其經史子集士夫之家無或互有
惟此帙世所罕見郡之博士學

二三子請陶〻手學將鏤板以
廣其傳守慨然許之今募匠
矣求余識於卷首余謂是書
韜晦於世何止數百歲而已一
旦顯於是邦殆亦有數耶然
耶以郡守之博古廣文暨諸

生之好事俱可嘉尚於是乎書

大德九年四月旦日東平克齋

張楷序

白虎通德論目録

漢玄武司馬臣班固奉詔纂集

第十卷

紼冕　喪服　崩薨

白虎通德論目録

謹按後漢章帝紀曰建初四年十一月
壬戌詔諸儒會白虎觀講議五經同異
使五官中郎將魏應承制問侍中淳于
恭奏帝親稱制臨決如孝宣甘露石渠
故事作白虎奏議注云今白虎通又按
班固傳曰天子會諸儒講論五經作白
虎通德論令固撰集其事此書所作之
因也書肆舊嘗鋟木歲久摩滅竟亡此
集學者欲見而不可得邇者

朝廷崇尚實學敬以家藏監本刊行與衆
共之

或謂是書中間多有魚魯之嫌如首篇援
尚書言迎子劉一事即尚書顧命考之迎
本作逆劉本作釗其當時傳寫之誤耶借
曰初得舊本如斯今既重刊改而正諸不
亦宜乎殊不思大學以尚書堯典俊德作
峻德孟子以毛詩烝民秉彝作秉夷誰不
知其然千古至今讀誦豈無宗工鉅儒者
出蔑有一人敢爲改正由是觀之白虎通
亦猶是也間有不安盡從其舊蓋纂之者

班固漢時人去古未遠必有所祖假借通
用未可盡知後人未得班固之心安可輕
議班固之述作儻能知禮記緇衣以君牙
爲君雅説命爲兑命之意則能釋魚曾之
疑矣昔人有云讀書未到康成處安敢高
談議漢儒觀書者試思之

白虎通德論卷第一

臣班固纂集

爵

天子者爵稱也爵所以稱天子者何王者父天母地爲天之子也故援神契曰天覆地載謂之天子上法斗極鉤命決曰天子爵稱也帝王之德有優劣所以俱稱天子者何以其俱命於天而王治五千里內也尚書曰天子作民父母以爲天下王何以知帝亦稱天子

也以法天下也中候曰天子臣放勛書逸篇
曰厥兆天子爵何以言皇亦稱天子也以其
言天覆地載俱王天下也故易曰伏羲氏之
王天下也爵有五等以法五行也或三等者
法三光也或法三光或法五行何質家者據
天故法三光文家者據地故法五行含文嘉
曰殷爵三等周爵五等各有宜也王制曰王
者之制祿爵凡五等謂公侯伯子男此周制
也所以名之爲公侯者何公者通公正無私

之意也侯者候也候逆順也春秋傳曰王者之後稱公其餘人皆千乘象雷震百里所潤同大國稱侯小國稱伯子男也王制曰公侯田方百里伯七十里子男五十里伯者百也子者孳也孳孳無已也男者任也人皆五十里差次功德小者不滿爲附庸附庸者附大國以名通也百里兩爵公侯共之七十里一爵五十里復兩爵何公者加尊二王之後侯者百里之正爵士上可有次下可有第中央

故無二五十里有爵者所以加勉進人也
小國下爵猶有尊卑亦以勸人也殷爵三等
謂公侯伯也所以合子男從伯者何王者受
命改文從質無虛退人之義故上就伯也尚
書曰侯甸任衛作國伯謂殷也春秋傳曰合
伯子男以爲一爵或曰合從子貴中也以春
秋名鄭忽忽者鄭伯也此未踰年之君當稱
子嫌爲改赴故名之也地有三等不變至爵
獨變何地比爵爲質故不變爲質故不變王

者有改道之文無改道之實家所以令公居百里侯居七十里何也封賢極於百里其政也不可空退人示優賢之義欲褒尊而上之何以知殷家侯人不過七十里者也曰士上有三等有百里有七十里有五十里其地半者其數倍制地之理體也多少不相配公卿大夫者何謂也内爵稱也曰公卿大夫何爵者盡也各量其職盡其才也公之爲言公正無私也卿之爲言章善明理也大夫之爲言

大扶進人者也故傳曰進賢達能謂之大夫
也士者事也任事之稱也故傳曰古今辯然
否謂之士禮曰四十強而士不言爵為士至
五十爵為大夫何以知士非爵何以知卿
為爵也以大夫知卿亦爵也何以知公為爵
也春秋傳曰諸侯四佾諸公六佾合而言之
以是知公卿為爵内爵所以三等何亦法三
光也所以不變質文何内者為本故不改内
也諸侯所以無公爵者下天子也故王制曰

上大夫下大夫上士中士下士凡五等此謂諸侯臣也大夫但有上下何明卑者多也爵皆一字也大夫獨兩字何春秋傳曰大夫無遂事以爲大夫職在之適四方受君之法施之於民故獨兩字下之或曰大夫爵之下者也稱大夫明從大夫以上受下施皆大自著也天子之士獨稱元士何士賤不得體君之尊故加元以別諸侯之士也禮經曰士見大夫諸侯之士王制曰王者八十一元士天子

爵連言天子諸侯侯爵不連言王侯何即言王侯以王者同稱爲衰弱僭差生篡弑猶不能爲天子也故連言天子也或曰王者天爵王者不能生諸侯故不言王侯諸侯人事自着故不着也王者太子亦稱士何舉從下升以爲人無生得貴者莫不由士起是以舜時稱爲天子必先試於士禮士冠經天子之元子士也婦人無爵何陰卑無外事是以有三從之義未嫁從父既嫁從夫夫死從子故夫尊

於朝妻榮於室隨夫之行故禮郊特牲曰婦人無爵坐以夫之齒禮曰生無爵死無謚春秋録夫人皆有謚夫人何以知非爵也論語曰邦君之妻君稱之曰夫人國人稱之曰君夫人即令是爵君稱之與國人稱之不當異也庶人稱匹夫者匹偶也與其妻爲偶陰陽相成之義也一夫一婦成一室明君人者不當使男女有過時無匹偶也論語曰匹夫匹婦之爲諒也爵人於朝者示不私人以官與

衆共之義也封諸侯於廟者示不自專也明法度皆祖之制也舉事必告焉王制曰爵人於朝與衆共之也詩云王命卿士南仲太祖禮祭統曰古者明君爵有德必於太祖君降立於阼階南面向所命北向史由君右執策命之大夫功成未封而死不得追爵賜之者以其未當服肱也春秋穀梁傳曰追賜死者非禮也王制曰葬從死者祭從生者所以追孝繼養也葬從死者何子無爵父之義也禮

中庸記曰父爲大夫子爲士葬以大夫祭以
士子爲大夫父爲士祭以大夫葬以士也父
在稱世子何繫於君也父沒稱子某者何屈
於尸柩也既葬稱小子者即尊之漸也踰年
稱公者緣民之心不可一日無君也緣終始
之義一年不可有二君也故踰年即位所以
繫民臣之心然後爵者緣孝子之心未忍安
吉故春秋魯僖公三十三年十二月乙巳薨
于小寢文公元年春王正月公即位四月丁

已葬我君僖公韓詩內傳曰諸侯世子三年
喪畢上受爵命於天子所以名之爲世子何
言欲其世世不絕也何以知天子子亦稱世
子也春秋傳曰公會世子于首止或曰天子
之子稱太子尚書曰太子發升于舟也或曰
諸侯之稱代子則傳曰晉有太子申生鄭有
太子華齊有太子光由是觀之周制太子代
子亦不定也漢制天子稱皇帝其嫡嗣稱皇
太子諸侯王之嫡稱代子後代咸因之世子

三年喪畢必上受爵命於天子何明爵土者天子之有也臣無自爵之義童子當受父爵命使大夫就其國命之明王者不與童子爲禮也以春秋魯成公幼少與諸侯會公不見之經不以魯恥明不與童子爲禮也世子上受爵命衣士服何謙不敢自專也故詩曰韎韐有赩世子始行也天子大斂之後稱王者明士不可一日無君也故尚書曰王麻冕黼裳此斂之後也何以知王從死後加王也以

尚書言迎子劉不言迎王王者旣殯而即繼
體之位何緣民臣之心不可一日無君故先
君不可得見則後君繼體矣尚書曰再拜興
對乃受銅明爲繼體君也緣始終之義一年
不可有二君也故尚書曰王釋冕喪服吉冕
受銅稱王以接諸侯明已繼體爲君也釋冕
藏銅反喪明未稱王以統事也不曠年無君
故踰年乃即位改元名元年年以紀事君名
其事矣而未發號令也何以言踰年即位謂

改元位春秋傳曰以諸侯踰年即位亦知天子踰年即位也春秋曰元年春王正月公即位改元位也王者改元年即事天地諸侯改元即事社稷王制曰夫喪三年不祭唯祭天地社稷爲越紼而行事春秋傳曰天子三年然後稱王者謂稱王統事發號令也尚書曰高宗諒陰三年是也論語君薨百官總己聽於冢宰三年緣孝子之心則三年不當也故三年除喪乃即位統事即位踐祚爲主南面

朝臣下稱王以發號令也故天子諸侯凡三年即位終始之義乃備所以諒陰三年卒孝子之道故論語曰古之人皆然君薨百官總已聽於冢宰三年所以聽於冢宰三年者何以爲冢宰職在制國之用是以由之也故王制曰大冢宰制國用所以名之爲冢宰何冢者大也宰者制也大制事也故王度記曰天子冢宰一人爵祿如天子之大夫或曰冢宰視卿周官所云也

號

帝王者何號也號者功之表也所以表功明德號令臣下者也德合天地者稱帝仁義合者稱王別優劣也禮記謚法曰德象天地稱帝仁義所生稱王帝者天號王者五行之稱也皇者何謂也亦號也皇君也美也大也天之惣美大稱也時質故惣之也號之爲皇者煌煌人莫違也煩一夫擾一士以勞天下不爲皇也不擾疋夫疋婦故爲皇故黃金弃於

山珠玉捐於淵巖居穴處衣皮毛飲泉液吮
露英虛無寥廓與天地通靈也號言為帝者
何帝者諦也象可承也王者往也天下所歸
往鉤命決曰三皇步五帝趨三王馳五覇驚
或稱天子或稱帝王何以為接上稱天子明
以爵事天也接下稱帝王者得號天下至尊
言稱以號令臣下也故尚書曰諮四岳曰裕
汝衆或有一人王者自謂一人者謙也欲言
已材能當一人耳故論語曰百姓有過在予

一人臣謂之一人何亦所以尊王者也以天
下之大四海之内所共尊者一人耳故尚書
曰不施予一人或稱朕何亦王者之謙也朕
我也或稱予者予亦我也不以尊稱自也但
自我皆謙或稱君子何道德之稱也君之爲
言群也子者丈夫之通稱也故孝經曰君子
之教以孝也下言敬天下之爲人父者也何
以言知其通稱也以天子至於民故詩云凱
弟君子民之父母論語云君子哉若人此謂

弟子弟子者民也三皇者何謂也謂伏羲神農燧人也或曰伏羲神農祝融也禮曰伏羲神農祝融三皇也謂之伏羲者何古之時未有三綱六紀民人但知其母不知其父能覆前而不能覆後卧之詓詓起之吁吁飢即求食飽即弃餘茹毛飲血而衣皮葦於是伏羲仰觀象於天俯察法於地因夫婦正五行始定人道畫八卦以治下治下伏而化之故謂之伏羲也謂之神農何古之人民皆食禽獸

肉至於神農人民衆多禽獸不足於是神農
因天之時分地之利制耒耜教民農作神而
化之使民宜之故謂之神農也謂之燧人何
鑽木燧取火教民熟食養人利性避臭去毒
謂之燧人也謂之祝融何祝者屬也融者續
也言能屬續三皇之道而行之故謂祝融也
五帝者何謂也禮曰黃帝顓頊帝嚳帝堯帝
舜五帝也易曰黃帝堯舜氏作書曰帝堯帝
舜黃帝中和之色自然之姓萬世不易黃帝

始作制度得其中和萬世常存故稱黃帝也謂之顓頊何顓者專也頊者正也能專正天人之道故謂之顓頊也謂之帝嚳者何也嚳者極也言其能施行窮極道德也謂之堯者何堯猶嶢嶢也至高之貌清妙高遠優遊博衍衆聖之主百王之長也謂之舜者何舜猶僢僢也言能推信堯道而行之三王者何謂也夏殷周也故禮士冠經曰周弁殷冔夏收三王共皮弁也所以[illegible]有夏殷周號何以爲王

者受命必立天下之美號以表功自克明易
姓爲子孫制也夏殷周者有天下之大號也
百王同天下無以相別改制天下之大禮號
以自別於前所以表著已之功業也必改號
者所以明天命已著欲顯揚已於天下也已
復襲先王之號與繼體守文之君無以異也
不顯不明非天意也故受命王者必擇天下
美號表著已之功業明當致施是也所以預
自表克於前也帝王者居天下之尊號也所

以差優號令臣下謚者行之跡也所以别於後代著善惡垂無窮無自推觀施後世皆以勸善著戒惡明不勉也不以姓爲號何姓者一字之稱也尊卑所同也諸侯各稱一國之號而有百姓矣天子至尊卽備有天下之號而兼萬國矣夏者大也明當守持大道殷者中也明當爲中和之道也聞也見也謂當道着見中和之爲也周者至也密也道德周密無所不至也何以知即政立號也詩云命此

文王于周于京此改號爲周易邑爲京也春秋傳曰王者受命而王必擇天下之美號以自號也五帝無有天下之號何五帝德大能禪以民爲子成于天下無爲立號也或曰唐虞者號也唐蕩蕩也蕩蕩者道德至大之貌也虞者樂也言天下有道人皆樂也故論語曰唐虞之際帝嚳有天下號高辛顓頊有天下號曰高陽黄帝有天下號曰自然者獨宏大道德也高陽者陽猶明也道德高明也高辛

者道德大信也五霸者何謂也昆吾氏大彭
氏豕韋氏齊桓公晉文公也昔三王之道衰
而五霸存其政率諸侯朝天子正天下之化
興復中國攘除夷狄故謂之霸也昔昆吾氏
霸於夏者也大彭氏豕韋氏霸於殷者也齊
桓晉文霸於周者也或曰五霸謂齊桓公晉
文公秦穆公楚莊王吳王闔閭也霸者伯也
行方伯之職會諸侯朝天子不失人臣之義
故聖人與之非明王之張法霸猶迫也把也

追齊諸侯把持其政論語曰管仲相桓公霸
諸侯春秋曰公朝于王所於是時晉文之霸
尚書曰邦之榮懷亦尚一人之慶知秦穆之
霸也楚勝鄭而不告從而攻之又令還師而
佚晉寇圍宋宋因而與之平引師而去知楚
莊之霸也蔡侯無罪而拘於楚吳有憂中國
心興師伐楚諸侯莫敢不至知吳之霸也或
曰五霸謂齊桓公晉文公秦穆公宋襄公楚
莊王也宋襄伐齊亂齊桓公不擒二毛不鼓

不成列春秋傳曰雖文王之戰不是過知其覇也伯子男臣子於其國中褒其君爲公王者臣子獨不得襃其君謂之爲帝何以爲諸侯有會聚之事相朝聘之道或稱公而尊或稱伯子男而卑爲交接之時不私其臣子之義心俱欲尊其君父故皆令臣子得稱其君爲公也帝王異時[illegible]無會同之義故無爲同也何以諸侯德公旅[illegible]侯桓公尚書曰公曰嗟秦伯也詩云覃公維私覃子也春秋曰葬皆繆

公許男也禮大射經曰則擇獲大射者諸侯
之禮也伯子男皆在也

謚

謚者何也謚之為言引也引烈行之跡也所
以進勸成德使上務節也故禮特牲曰古者
生無爵死無謚此言生有爵死當有謚也死
乃謚之何言人行終始不能若一故據其終
始後可知也士冠經曰死而謚之今也所以
臨葬而謚之何因衆會欲顯揚之也故春秋

曰公之喪自乾侯昭公死於晉乾侯之地數
月歸至急當未有謚也春秋曰丁巳葬戊午
日下側乃克葬明祖禰而有謚也黄帝先黄
後帝何古者順死生之稱各持行合而言之
美者在上黄帝始制法度得道之中萬世不
易名黄自然也後世繼聖莫能與同也後世
得與天同亦得稱帝不能立制作之時故不
得復黄也謚或一言或兩言何文者以一言
為謚質者以兩言為謚故尚書曰高殷宗

也湯死後世稱成湯以兩言爲謚也號無質
文謚有質文何號者始也爲本故不可變也
周已後用意尤文以爲本生時號令善故有
善謚故合文武王也合言之則上其謚明別
善惡所以勸人爲善戒人爲惡也帝者天號
也以爲尭猶謚顧上世質直死後以其名爲
號耳所以謚之爲尭何爲謚有七十二品禮
記謚法曰翼善傳聖謚曰尭仁聖盛明謚曰
舜慈惠愛民謚曰文強理直謚曰武天子崩

臣下至南郊謚之者何以為人臣之義莫不欲褒大其君掩惡揚善者也故之南郊明不得欺天也故曾子問孔子曰天子崩臣下之南郊告謚之諸侯薨世子赴告天子天子遣大夫會其葬而謚之何幼不誄長賤不誄貴諸侯相誄非禮也臣當受謚於君也卿大夫老歸死有謚何謚者別尊卑彰有德也卿大夫歸無過猶有祿位故有謚也夫人無謚者何無爵故無謚或曰夫人有謚夫人一國之

母脩閨門之內群下亦化之故設謚以彰其
善惡春秋傳曰葬宋恭姬傳曰其稱謚何賢
也傳曰哀姜者何莊公夫人也卿大夫妻無
謚何賤也公妾所以無謚何卑賤無所能務
猶士卑小不得有謚也太子夫人無謚何本
婦人隨夫太子無謚其夫人不得有謚也天
子太子元士也士無謚知太子亦無謚也附
庸所以無謚何卑小無爵也王制曰爵祿凡
五等附庸本非爵也後夫人於何所謚之以

爲於朝廷朝廷本所以治政之處臣子共審謚白之於君然後加之婦人大夫故但白君而已何以知不之南郊也婦人本無外事何爲於郊也禮曾子問曰唯天子稱天以誅之唯者獨也明天子獨於南郊耳顯號謚何法法曰未出而明已入有餘光也

白虎通德論卷第一

白虎通德論卷第二

臣班　固　纂集

五祀

五祀者何謂也謂門户井竈中霤也所以祭何人之所處出入所飲食故爲神而祭之何以知五祀謂門户井竈中霤也月令曰其祀户又曰其祀竈其祀中霤其祀門其祀井獨大夫已上得祭之何士者位卑祿薄但祭其先祖耳禮曰天子祭天地諸侯祭山川卿大

夫祭五祀士祭其祖曲禮曰天地四時山川五祀歲遍諸侯方祀山川五祀歲遍卿大夫祭五祀士祭其先非所當祭而祭之名曰淫祀淫祀無福祭五祀所以歲一徧何順五行也故春即祭戶戶者人所出入亦春萬物始觸戶而出也夏祭竈者火之主人所以自養也夏亦火王長養萬物秋祭門門以閉藏自固也秋亦萬物成熟内備自守也冬祭井井者水之生藏任地中冬亦水王萬物伏藏六

月祭中霤中霤者象土在中央也六月亦土王也故月令春言其祀户祭先脾夏言其祀竈祭先肺秋言其祀門祭先肝冬言其祀井祭先腎中央言其祀中霤祭先心春祀户祭所以時先脾者何脾者土也春木王煞土故以所勝祭之也是冬腎六月心非所勝也以祭何以爲土位在中央至尊故祭以心心者藏之尊者水最卑不得食其所勝祭五祀天子諸侯以牛卿大夫以羊因四時牲也一說

户以羊竈以雉中霤以豚門以犬井以豕或曰中霤用牛餘不得用豚井以魚

社稷

王者所以有社稷何爲天下求福報功人非土不立非穀不食土地廣博不可徧敬也五穀衆多不可一一而祭也故封土立社示有土尊稷五穀之長故封稷而祭之也尚書曰乃社于新邑孝經曰保其社稷而和其民人蓋諸侯之孝也稷者得陰陽中和之氣而用

尤多故爲長也歲再祭何春求穀之義也故月令仲春之月擇元日命人社援神契曰仲春獲禾報社祭稷以三牲何重功故也尚書曰乃社于新邑羊一牛一豕一王制曰天子社稷皆大牢諸侯社稷皆少牢宗廟俱大牢社稷獨少牢何宗廟大牢所以廣孝道也社稷爲報功諸侯一國所報者少故也王者諸侯俱兩社何俱有土之君禮記三正曰王者二社爲天下立禮曰太社自爲立社曰王社

諸侯爲百姓立社曰國社自爲立社曰侯社
太社爲天下報功王社爲京師報功太社尊
於王社土地久故而報之王者諸侯必有誡
社何示有存亡也明爲善者得之惡者失之
故春秋公羊傳曰亡國之社奄其上柴其下
郊特牲曰喪國之社屋之自言與天地絕也
在門東明自下之無事處也或曰皆當着明
誡當近君置宗廟之墻南禮曰亡國之社稷
必以爲宗廟之屏示賤之也社稷在中門之

尊外門之内何尊而親之與先祖同也不置
中門内何敬之示不褻瀆也論語曰譬諸宮
墻不得其門而入不見宗廟之美百官之富
祭義曰右社稷左宗廟大夫有民其有社稷
者亦爲報功也禮祭法曰大夫成群立社曰
置在月令曰擇元日命人社論語曰季路使
子羔爲費宰曰有民人焉有社稷焉不謂之
土何封土爲社故變名謂之社別於衆土也
爲社立祀治謂之稷語亦自變有内外或曰

至稷不以稷爲社故不變其名事自可知也
不正月祭稷何禮不常存養人爲用故立其
神社無屋何達天地氣故郊特牲曰太社稷
必受霜露風雨以達天地之氣社稷所以有
樹何尊而識之使民人望見師敬之又所以
表功也故周官曰司社而樹之各以土地所
生尚書亡篇曰太社唯松東社唯栢南社唯
梓西社唯栗北社唯槐王者自親祭社稷何
社者土地之神也土生萬物天下之所主也

尊重之故自祭也其壇大何如春秋文義曰天子之社稷廣五丈諸侯半之其色如何春秋傳曰天子有太社焉東方青色南方赤色西方白色北方黑色上冒以黄土故將封東方諸侯青土苴以白茅謹敬潔清也祭社有樂樂記曰樂之施於金石絲竹越於聲音用之於宗廟社稷曾子問曰諸侯之祭社稷俎豆既陳聞天子崩如之何孔子曰廢臣子哀痛之不敢終於禮也

禮樂

王者所以盛禮樂何節文之喜怒樂以象天禮以法地人無不含天地之氣有五常之性者故樂所以蕩滌反其邪惡也禮所防淫佚節其侈靡也故孝經曰安上治民莫善於禮移風易俗莫善於樂子曰樂在宗廟之中君臣上下同聽之則莫不和敬族長鄉里之中長幼同聽之則莫不和順在閨門之內父子兄弟同聽之則莫不和親樂者所以崇和

順比物飾節節奏合以成文所以合和父子
君臣附親萬民也是先王立樂之意也故聽
其雅頌之聲志意得廣焉執干戚習俯仰屈
信容貌得齊焉其綴兆要其節奏行列得正
焉進退得齊焉故樂者天地之命中和之紀
人情之所不能免焉也夫樂者先王之所以
飾喜也軍旅鈇鉞所以飾怒也故先王之喜
怒皆得其齊焉喜則天下和之怒則暴亂者
畏之先王之道禮樂可謂盛矣聞角聲莫不

惻隱而慈者聞徵聲莫不喜養好施者聞商聲莫不剛斷而立事者聞羽聲莫不深思而遠慮者聞宫聲莫不溫潤而寬和者也禮所揖讓何所以尊人自損也不爭論語曰揖讓而升下而飲其爭也君子故君使臣以禮臣事君以忠謙謙君子利涉大川以貴下賤大得民也屈己敬人君子之心故孔子曰爲禮不敬吾何以觀之哉夫禮者陰陽之際也百事之會也所以尊天地儐鬼神序上下正人

道也樂所以必歌者何夫歌者口言之也中
心喜樂口欲歌之手欲舞之足欲蹈之故尚
書曰前歌後舞假于上下禮貴忠何禮者盛
不足節有餘使豐年不奢凶年不儉富貧不
相懸也樂尚雅雅者古正也所以遠鄭聲也
孔子曰鄭聲淫何鄭國土地民人山居谷浴
男女錯雜爲鄭聲以相悅懌故邪僻聲皆淫
色之聲也太平乃制禮作樂何夫禮樂所以
防奢淫天下人民飢寒何樂之乎功成作樂

治定制禮樂言作禮言制何樂者陽也陽倡始故言作禮者陰也陰制度於陽故言制樂象陽禮法陰也王者始起何用正民以爲且用先王之禮樂天下太平乃更制作焉書曰肇修稱殷禮祀新邑此言太平去殷禮春秋傳曰昌何爲不修乎近而修乎遠同已也可因先以太平也必復更制者示不襲也又天下樂之者樂者所以象德表功殊名禮記曰黄帝樂曰咸池顓頊樂曰六莖帝嚳樂曰五

英堯樂曰大章舜樂曰簫韶禹樂曰大夏湯
樂曰大護周樂曰大武象周公之樂曰酌合
曰大武黃帝曰咸池者言大施天下之道而
行之天之所生地之所載咸蒙德施也顓頊
曰六莖者言和律曆以調陰陽莖者著萬物
也帝嚳曰五英者言能調和五聲以養萬物
調其英華也堯曰大章大明天地人之道也
舜曰簫韶者舜能繼堯之道也禹曰大夏者
言禹能順二聖之道而行之故曰大夏也湯

曰大護者言湯承衰能護民之急也周公曰酌合者言周公輔成王能斟酌文武之道而成之也武王曰象者象太平而作樂示已太平也合曰大武者天下始樂周之征伐行武故詩人歌之王赫斯怒爰整其旅當此之時天下樂文王之怒以定天下故樂其武也周室中制象湯樂何殷紂爲惡日久其惡最甚斮涉刳胎殘賊天下武王起兵前歌後儛剋殷之後民人大喜故中作所以節喜盛天子

八佾諸侯四佾所以別尊卑樂者陽也故以陰數法八風六律四時也八風六律者天氣也助天地成萬物者也亦猶樂所以順氣變化萬物成其性命也故春秋公羊傳曰天子八佾諸公六佾諸侯四佾詩曰大夫士琴瑟御八佾者何謂也佾者列也以八人爲行列八八六十四人也諸公六六爲行諸侯四四爲行諸公謂三公二王後大夫士北面之臣非專事子民者也故但琴瑟而已王者有六

樂者貴公美德也所以作供養傾先王之樂
明有法宗三其本興已所以自作樂明作已
也樂所以作四夷之樂何德廣及之也易曰
先王以作樂崇德殷薦之上帝以配祖考詩
云奏鼓簡簡衎我烈祖樂元語曰受命而六
樂樂先王之樂明有法也與其所自作明有
制興四夷之樂明德廣及之也故南夷之樂
曰兜西夷之樂曰禁北夷之樂曰昧東夷之樂
曰離合觀之樂舞於堂四夷之樂陳於右

先王所以得之順命重始也此言以人得之
先以文謂持羽毛舞也以武得之持干戚舞
也樂元語曰東夷之樂持矛舞助時生也南
夷之樂持羽舞助時養也西夷之樂持戟舞
助時煞也北夷之樂持干舞助時藏也誰制
夷狄之樂以爲先聖王也先王惟行道德和
調陰陽覆被夷狄故夷狄安樂來朝中國於
是作樂樂之南之爲言任也任養萬物昧之
爲言昧也昧者萬物老衰禁者萬物禁藏侏

離者萬物微離地而生一說東方持矛南方歌西方戚北方擊金夷狄質不如中國中國文章但隨物名之耳故百王不易戚王者制夷狄樂不制夷狄禮何以爲禮者身當履而行也夷狄之人不能行禮樂者聖人作爲以樂之耳故有夷狄樂也殊爲舞者以爲僸中國人何以言之夷狄之人禮不備恐有過誤也作之門外者何夷在外故就之也夷狄無禮義故不在內明堂記曰九夷之國在東門

之外所以知不在門內也明堂記曰禹納蠻夷之樂於太廟言納明有入也曰四夷之樂者何謂也以爲四夷外無禮義之國數夷狄者從東故舉本以爲之總名也言夷狄者舉終始也言蠻舉遠也言貉舉惡也則別之東方爲九夷南方爲八蠻西方爲六戎北方爲五狄故曾子問曰九夷八蠻六戎五狄百姓之難至者也何以知夷在東方禮王制曰東方曰夷被髮文身又曰南方曰蠻雕題交趾

西方曰戎被髮衣皮北方曰狄衣羽毛穴居
東所以九何蓋來者過九之爲言究也德徧
究故應德而來亦九也非故爲之道自然也
何以名爲夷蠻曰聖人本不治外國非爲制
名也因其國名而言之耳一說曰名其短而
爲之制名也夷者僔夷無禮義東方者少陽
易化故取名也北方太陰鄙郄故少戀蟲難
化執心違邪戎者強惡也狄者易也辟易無
別也歌者在堂上舞在堂下何歌者象德舞

者象君子上德而下功郊特牲曰歌者在上
論語曰季氏八佾舞於庭書下管鞀鼓笙鏞
以間降神之樂在上何為鬼神舉故書曰戛
擊鳴球搏拊琴瑟以詠祖考來格何以用鳴
球搏拊者何鬼神清虛貴淨賤鏗鏘也故尚
書大傳曰搏拊鼓振以秉琴瑟練絲朱絃鳴
者貴玉聲也王者食所以有樂何樂食天下
之太平富積之饒也明天子至尊非功不食
非德不飽故傳曰天子食將舉樂王者所以

日食者何明有四方之物食四時之功也四方不平四時不順有徹樂之法焉所以明至尊著法戒也王平居中央制御四方平旦食少陽之始也晝食太陽之始也晡食少陰之始也暮食太陰之始也論語曰亞飯干適楚三飯繚適蔡四飯缺適秦諸侯三飯卿大夫再飯尊卑之差也弟子職暮食士乙偃禮士也食力無數庶人職在耕桑戮力勞役飢即食飽即作故無數禮樂記謂此禮一為言履

也可履踐而行樂者君子樂得其道小人樂得其欲聲者何謂聲鳴也聞其聲即知其所生音者飲也言其剛柔清濁和而相飲也尚書曰予欲聞六律五聲八音五聲者何謂也宮商角徵羽土謂宮金謂商木謂角火謂徵水謂羽月令曰盛德在木其音角又曰盛德在火其音徵盛德在金其音商盛德在水其音羽所以名之爲角者躍也陽氣動躍徵者止也陽氣止商者張也陰氣開張陽氣始降

也羽者紆也陰氣在上陽氣在下宮者容也
含也含容四時者也八音者何謂也樂記曰
土曰塤竹曰管皮曰鼓匏曰笙絲曰絃石曰
磬金曰鐘木曰柷敔此謂八音也法易八卦
也萬物之數也八音萬物之聲也所以用八
音何天子承繼萬物當知其數既得其數當
知其聲即思其形如此蜎飛蠕動無不樂其
音者至德之道也天子樂之故樂用八音樂
記曰壎坎音也管艮音也鼓震音也絃離音

也鐘兌音也柷敔乾音也壎在十一月壎之
爲言勳陽氣於黃泉之下勳蒸而萌匏之言
施也在十二月萬物始施而勞笙者太蔟之
氣象萬物之生故曰笙有七正之節焉有六
合之和焉天下樂之故謂之笙鼓震音煩氣
也萬物憤懣震動而生雷以動之溫以煖之
風以散之雨以濡之奮至德之聲感和平之
氣也同聲相應同氣相求神明報應天地祐
之其本乃在萬物之始耶故謂鼓也鞀者震

之氣也上應卯星以通王道故謂之韶也簫者中之氣萬物生於無聲見於無形僇也簫也故謂之簫簫者以祿爲本言承天繼物爲民本人力加地道化然後萬物戮也故謂之簫也瑟者嗇也閑也所以懲忿宮商角則宜君父有節臣子有義然後四時和四時和然後萬物生故謂之瑟也琴者禁也所以禁止淫邪正人心也磬者夷則之氣也象萬物之盛也其氣磬故曰磬有貴賤焉有親疏焉有

長幼焉朝廷之禮貴不讓賤所以有尊卑也
鄉黨之禮長不讓幼所以明有年也宗廟之
禮親不讓踈所以有親也此三者行然後王
道得王道得然後萬物成天下樂用磬也鐘
之為言動也陰氣用事萬物動成鐘為氣用
金聲也鎛者時之氣聲也節度之所生也君
臣有節度則萬物昌無節度則萬物亡亡與
昌正相迫故謂之鎛柷敔者終始之聲萬物
之所生也陰陽順而復故曰柷承順天地序

迎萬物天下樂之故樂用柷柷始也敔終也
一說笙柷鼓簫瑟塤鐘磬也如其次笙在北
方柷在東北方鼓在東方簫在南方塤在西
南方鐘在西方磬在北方管五音八何聲爲
本出於五行首爲末象八風故樂記曰聲成
文謂之音知音而樂之謂之樂也問曰異說
並行則弟子疑焉孔子有言吾聞擇其善者
而從之多見而志之也知之次也文武之道
未墜於地天之將喪斯文也樂亦在其中矣

聖人之道猶有文質所以擬其說述所聞者
亦各傳其所受而已

白虎通德論卷第二

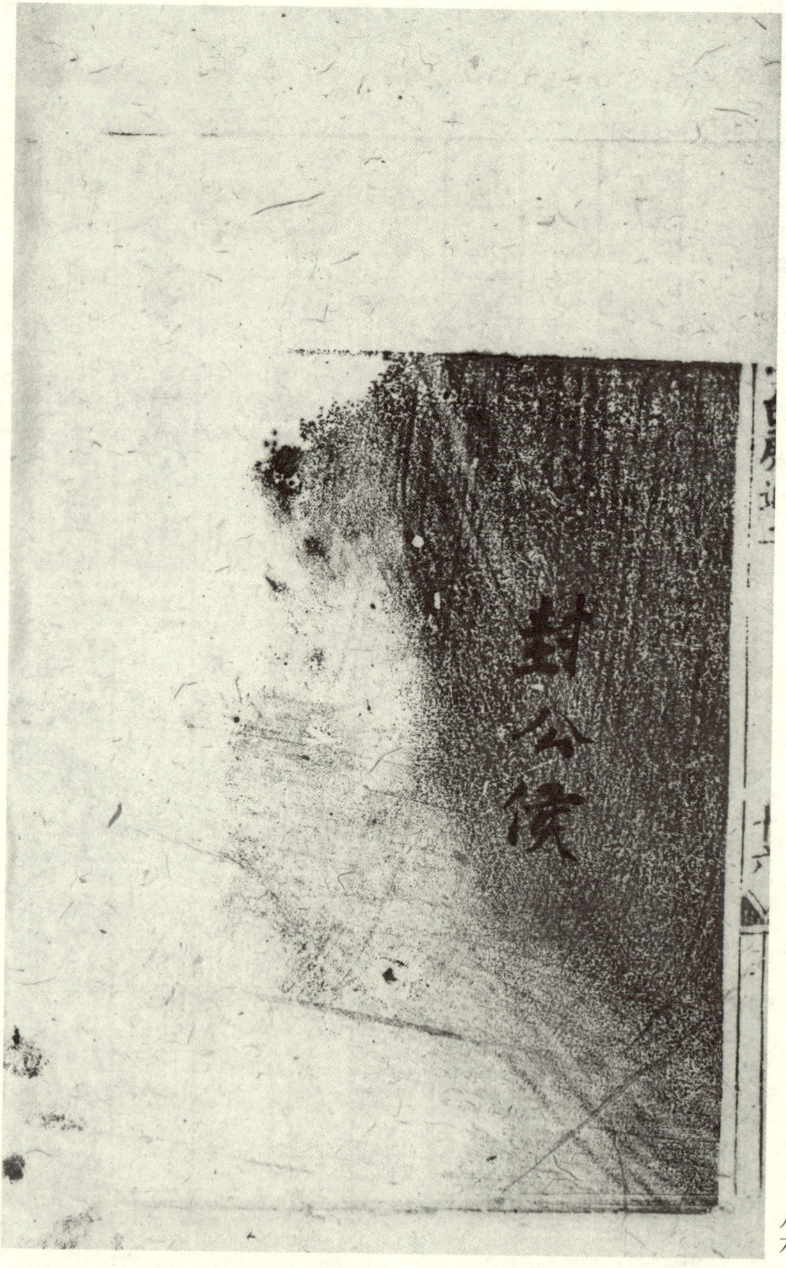

封公侯

白虎通德論卷第三

臣班固纂集

封公侯

王者所以立三公九卿何曰天雖至神必因日月之光地雖至靈必有山川之化聖人雖有萬人之德必須俊賢三公九卿二十七大夫八十一元士以順天成其道司馬主兵司徒主人司空主地王者受命爲天地人之職故八職以置三公各主其一以効其功一公

置三卿故九卿也天道莫不成於三天有三光日月星地有三形高下平人有三尊君父師故一公三卿佐之一卿三大夫佐之一大夫三元士佐之天有三光然後而能遍照各自有三法物成於三有始有中有終明天道而終之也三公九卿二十七大夫八十一元士凡百二十官下應十二子別名記曰司徒典民司空主地司馬順天天者施生所以主兵何兵者爲諸除害也所以全其宅衛其養

也故兵稱天寇賊猛獸皆爲除害者所主也
論語曰天下有道則禮樂征伐自天子出司
馬主兵言馬者馬陽物乾之所爲行兵用焉
不以傷害爲度故言馬也司徒主人不言徒
人者徒衆也重民司空主土不言土言空者
空尚主之何況於實以微見著王者主三公
九卿二十七大夫共民以教道照幽隱必復封
諸侯何重民之至也善惡比而易故知擇賢
而封之使治其民以著其德極其才上以尊

天子備著輔下以子養百姓施行其道開賢
者之路謙不自專故列土封賢因而象之象
賢重民也州伯何謂也伯長也選擇賢良使
長一州故謂之伯也王制曰千里之外設方
伯五國以為屬屬有長十國以為連連有率
三十國以為卒卒有正二百一十國以為州
州有伯唐虞謂之牧何尚質使大夫往來牧
諸侯故謂之牧旁立三人凡十二人尚書曰
咨十有二牧何知堯時十有二州也以禹貢

言九州也王者所以有二伯者分職而授政欲其亟成也王制曰八伯各以其屬屬於天子之老曰二伯詩云蔽芾甘棠勿剪勿伐邵伯所茇春秋公羊傳曰自陜巳東周公主之自陜巳西邵公主之不分南北何東方被聖人化日少西方被聖人化日久故分東西使聖人主其難者賢者主其易者乃俱到太平也又欲令同有陰陽寒暑之節共法度也所分陜者是國中也若言面八百四十國矣諸

侯有三卿者分三事也五大夫者下天子王
制曰大國三卿皆命於天子下大夫五人上
士二十七人次國三卿二卿命於天子一卿
命於其君小國二卿皆命於其君大夫悉同
禮王度記曰子男三卿一卿命於天子諸侯
封不過百里象雷震百里所潤雨同也雷者
陰中之陽也諸侯象也諸侯比王者爲陰南
面賞罰爲陽法雷也七十里五十里差德功
也故王制曰九四海之内九州州方千里建

百里之國二十七十里之國六十五十里之
國百有二十名山大澤不以封其餘以爲附
庸閒田天子所治方千里此平土三千并數
邑居山川至五十里名山大澤不以封者與
百姓共之不使一國獨專也山木之饒水泉
之利千里相通所均有無贍其不足制土三
等何因土地有高下中王者即位先封賢者
憂人之急也故列土爲疆非爲諸侯張官設
府非爲卿大夫皆爲民也易曰利建侯此言

因所利故立之樂記曰武王克殷反商下車
封夏后氏之後於杞殷人之後於宋封王子
比干之墓釋箕子之囚天下太平乃封親屬
者示不私也即不私封之何普天之下莫非
王土率土之賓莫非王臣海内之衆已盡得
使之不忍使親屬無短足之居一人使封之
親親之義也以尚書封康叔據平安也王者
始起封諸父昆弟與己共財之義故可與共
土一説諸父不得封諸侯二十國厚有功象

賢以爲民也賢者子孫類多賢又卿不世位爲其不子愛百姓各加一功以虞樂其身也受命不封子者父子手足無分離異財之義至昆弟皮體有分別故封之也以舜封弟象有比之野也封諸侯以夏何陽氣盛養故封諸侯盛養賢也封立人君陽德之盛者月令曰孟夏之月行賞封諸侯慶賜無不欣悅何以言諸侯繼世以立諸侯象賢也大夫不世位何股肱之臣任事者也爲其專權擅勢傾

覆國家又曰孫句中肩不任輔政妨塞賢故
不世世故春秋公羊傳曰譏世世非禮也諸
侯世位大夫不世安法所以諸侯南面之君
體陽而行陽道不絕大夫人臣北面體陰而
行陰道絕以男生内嚮有留家之義女生外
嚮有從夫之義此陽不絕陰有絕之効也國
在立太子者防篡煞壓臣子之亂也春秋之
弒太子罪與弒君同春秋曰弒其君之子奚
齊明與弒君同也君薨適夫人無子有育遺

腹必待其産立之何尊適重正也曾子問曰立適以長不以賢何以言爲賢不肖不可知也尚書曰惟帝其難之立子以貴不以長防愛憎也春秋曰適以長不以賢立子以貴不以長也始封諸侯無子死不得與兄弟何古者象賢也弟非賢者子孫春秋傳曰善善及子孫不言及昆弟昆弟尊同無相承養之義以閔公不繼莊公也昆弟不相繼之義至繼體諸侯無子得及親屬者以其俱賢者子孫

也重其先祖之功故得及之禮服傳曰大宗不可絶同宗則可以爲後爲人作子何明小宗可以絶大宗不可絶故舍己之父往爲後於大宗所以尊祖重不絶大宗也春秋傳曰爲人後者爲人子者繼世諸侯無子又無弟但有諸父庶兄當誰庶與兄推親之序也王者受命而作興滅國繼絶世何爲先王無道妄煞無辜及嗣子幼弱爲强臣所奪子孫皆無罪囚而絶重其先人之功故復立之論語

曰興滅國繼絶世誅君之子不立者義無所繼也諸侯世位象賢也今親被誅絶也春秋傳曰誅君之子立君見弑其子得立何所以尊君防篡弑春秋繼經曰齊無知殺其君貴妾子公子糾當立也大夫功成未封子得封者善善及子孫也春秋傳曰賢者子孫宜有土地也周公不之魯何為周公繼武王之業也春秋傳曰周公曷為不之魯欲天下一于周也詩云王曰叔父建爾無子俾侯于魯周

公身薨天爲之變成王以天子之禮葬公之命
魯郊以明至孝天所興也

京師

王者必即土中者何所以均教道平往來使
善易以聞爲惡易以聞明當懼慎損於善惡
尚書曰王來紹上帝自服於土中聖人承天
而制作尚書曰公不敢不敬天之休來相宅
周家始封於何后稷封於邰公劉去邰之邠
詩云即有台家室又曰篤公劉于邠斯觀周

家五遷其意一也皆欲成其道也時寧先皇
者不以諸侯移必先請從然後行京師者何
謂也千里之邑號也京大也師衆也天子所
居故大衆言之明諸侯法日月之徑千里春
秋傳曰京曰天子之居也王制曰天子之田
方千里或曰夏曰夏邑殷曰商邑周曰京師
尚書曰率割夏邑謂桀也在商邑謂殷也王
制曰天子三公之田視公侯卿視伯大夫視
子男士視附庸上農夫食九人其次食八人

其次食七人其次食六人下農夫食五人庶人在官者以是爲差也諸侯之下士視上農夫祿足以代其耕也中士倍下士上士倍中士下大夫倍上士卿四大夫祿君十卿祿次國之卿三大夫祿君十卿祿小國之卿倍上大夫祿君十卿祿天子之縣內有百里之國九七十里之國二十一五十里之國六十三凡九十三國名山大澤不以封其餘以祿士以爲閒田諸侯入爲公卿大夫得食兩家菜

不曰有能然後居其位德加於人然後食其禄所以尊賢重有德也今以盛德人輔佐兩食之何王制曰天子縣内諸侯禄也外諸侯嗣也天子太子食菜者儲君嗣主也當有上以尊之也太子食百里與諸侯封同故禮曰公士大夫子子也無爵而在大夫上故百里也公卿大夫皆食菜者示與民同有無也

五行

五行者何謂也謂金木水火土也言行者欲

言爲天行氣之義也地之承天猶妻之事夫臣之事君也謂其位卑卑者親事故自周於一行尊於天也尚書一曰水二曰火三曰木四曰金五曰土水位在北方北方者陰氣在黄泉之下任養萬物水之爲言淮也陰化沾濡任生木木在東方東方者陰陽氣始動萬物始生木之爲言觸也陽氣動躍火在南方南方者陽在上萬物垂枝火之爲言委隨也言萬物布施火之爲言化也陽氣用事萬物

變化也金在西方西方者陰始起萬物禁止金之爲言禁也土在中央者主吐含萬物土之爲言吐也何知東方生樂記曰春生夏長秋收冬藏土所以不名時地土別名也比於五行最尊故不自居部職也元命包曰土之爲位而道在故大不預化人主不任部職五行之性或上或下何火者陽也尊故上水者陰也卑故下水者少陽金者少陰有中和之性故可曲可直從革土者最大苞含物將生

者出者將歸者不嫌清濁爲萬物尚書曰水曰潤下火曰炎上木曰曲直金曰從革土爰稼穡五行所以二陽三陰何土尊尊者配天金木水火陰陽自偶水味所以鹹何是其性也所以北方鹹著萬物鹹與所以堅之也猶五味得鹹乃堅也木味所以酸者何東方萬物之生也酸者以達生也猶五味得酸乃達也火味所以苦何南方主長養苦者所以長養也猶五味須苦可以養也金味所以辛何

西方煞傷成物辛所以煞傷之也猶五味得辛乃委煞也土味所以甘何中央者中和也故甘猶五味以甘為主也尚書曰潤下作鹹炎上作苦曲直作酸從革作辛稼穡作甘北方其臭朽者何北方水萬物所幽藏也又水者受垢濁故臭腐朽也東方者木也萬物新出地中故其臭羶南方者火也盛陽乘動故其臭焦西方者金也萬物成熟始復諾故其臭腥中央土也主養故其臭香也月令曰東

方其臭羶南方其臭焦中央其臭香西方其臭腥北方其臭朽所以名之為東方者動方也萬物始動生也南方者任養之方萬物懷任也西方者遷方也萬物遷落也北方者伏方也萬物伏藏也少陽見寅寅者演也律中太簇律之言率所以率氣令生也卯者茂也律中夾鍾衰於辰辰震也律中姑洗其日甲乙者萬物孚甲也乙者物蕃屈有節欲出時為春春之為言偆偆動也位在東方其色青

其音角角者氣動躍也其帝太皞皞者大起
萬物擾也其神勾芒者物之始生其精青龍
芒之爲言萌也陰中陽故太陽見於巳巳者
物必起律中仲呂壯盛於午午物滿長律中
蕤賓衰於未未味也律中林鍾其日丙丁者
其物炳明丁者强也時爲夏夏之言大也位
在南方其色赤其音徵徵止也陽度極也其
帝炎帝者太陽也其神祝融祝融者屬續其
精爲鳥離爲鸞故少陰見於申申者身也律

中夷則壯於酉酉者老物收斂律中南呂衰
於戌戌者滅也律中無射無射者無聲也其
日庚辛庚者物更也辛者陰始成時爲秋秋
之爲言愁亡也其位西方其色白其音商商
者強也其帝少皞少皞者少斂也其神蓐收
蓐收者縮也其精白虎虎之爲言搏討也故
太陰見於亥亥者仰也律中應鍾壯於子於
子者孳也律中黃鍾衰於丑丑者紐也律中
大呂其日壬癸壬者陰始任癸者揆也度可

揆度也時爲冬冬之爲言終也其位在北方其音羽羽之爲言舒言萬物始孳其帝顓頊顓頊者寒縮也其神玄冥玄冥者入冥也其精玄武掩起離體泉龜蛟珠蛤土爲中宮其日戊巳戊者茂也巳抑屈起其音宮宮者中也其帝黃帝其神后土月令云十一月律謂之黃鍾何中和之色鍾者動也言陽氣動於黃泉之下動養萬物也十二月律之謂之大呂何大大也呂者拒也言陽氣欲出陰不許

也呂之爲言拒者旅抑拒難之也正月律謂之太蔟何太亦大也蔟者湊也言萬物始大湊地而出也二月律謂之夾鍾何夾者孚甲也言萬物孚甲種類分也三月謂之姑洗何姑者故也洗者鮮也言萬物皆去故就其新莫不鮮明也四月謂之仲呂何言陽氣極將彼故復中難之也五月謂之蕤賓蕤者下也賓者敬也言陽氣上極陰氣始賓敬之也六月謂之林鍾何林者衆也萬物成熟種類衆

冬七月謂之夷則何夷傷則法也言萬物始
傷被刑法也八月謂之南呂何南者任也言
陽氣尚有任生薺麥也故陰拒之也九月謂
之無射何射者終也言萬物隨陽而終也當
復隨陰起無有終已十月謂之應鍾何鍾動
也言萬物應陽而動下藏也五行所以更王
何以其轉相生故有終始也木生火火生土
土生金金生水水生木是以木王火相土死
金囚水休王所勝者死囚故王者休見王火

相何以知爲臣七所以死臣子爲父報仇者
也五行之子愼之物歸母木王火相金成其
火焦金金生水水滅火報其理火生土土則
害水莫能而禦五行所以相害者天地之性
衆勝寡故水勝火也精勝堅故火勝金剛勝
柔故金勝木專勝散故木勝土實勝虛故土
勝水也火陽君之象也水陰臣之義也臣所
以勝其君何此謂無道之君也故爲衆陰所
害猶紂王也是使水得施行金以盖之土以

應之欲溫則溫欲寒亦何從得害火乎曰五行各自有陰陽木生火所以還燒其母何曰金勝木火欲爲木害金金者堅强難消故母以遜體助火燒金此自欲成子之義又陽道不相離故爲兩盛火死子乃繼之木王所以七十二日何土王四季各十八日合九十日爲一時王九十日土所以王四季何木非土不生火非土不榮金非土不成水無土不高土扶微助衰歷成其道故五行更王亦須土

也王四季居中央不名時五行何以知同時
起丑訖義相生傳曰五行並起赴各以名別
陽生陰煞火中無生物水中反有生物何生
者以內火陰在內故不生也水火獨一種金
木多品何以爲南北陰陽之極也得其極故
一也東西非其極也故非一也水木可食金
火土不可食何木者陽陽者施生故可食火
者陰在內金者陰嗇吝故不可食火水所以
殺人何水盛氣也故入而殺人火陰在內故

殺人壯於水也金木微氣故不能自殺人也火不可入其中者陰在内也入則殺人矣水土陽在内故可入其中金木微氣也精密不可得入也水火不可加人功爲用金木加人功何火者盛陽水者盛陰者也氣盛不變故不可加人功爲人用金木者不能自成故須人加功以爲人用也五行之性火熱水寒有温水無寒火何明臣可以爲君君不可更爲臣五行常在火乍亡何水太陰也刑者故常

在金少陰木少陽微氣無變故亦常在火太
陽精微人君之象象尊常藏猶天子君九重
之内臣下衛之也藏於木者依於仁也木自
主金須人取之乃成陰卑不能自成也木所
以浮金所以沉何子生於母之義肝所以沉
肺所以浮何有知者尊其母也一說木畏金
金之妻庚受庚之化木者法其本柔可曲直
故浮也肝法其化直故沉五行皆同義天子
所以内明而外昧人所以外明而内昧何明

天人欲相鄉而治也行有五時有四何四時
爲時五行爲節故木王即謂之春金王即謂
之秋土尊不任職君不居部故時有四也子
不肯禪何法法四時火不興土而興金也父
死子繼何法法木終火王也兄死弟及何法
法夏之承春也善善及子孫何法法春生待
夏復長也惡惡止其身何法法秋煞不待冬
也主幼臣攝政何法法土用事於季孟之間
也子之復讎何法法土勝水水勝火也子順

父臣順君妻順夫何法法地順天也男不離
父母何法法火不離木也女離父母何法法
水流去金也娶妻親迎何法法日入陽下陰
也君讓臣何法法月三十日名其功也善稱
君過稱已何法法陰陽共叙其生陽名生陰
名煞臣有功歸於君何法法歸明於日也臣
法君何法法金正木也子諫父何　法火揉
直木也臣諫君不從則去何法法　水潤下達
於上也君子遠子近孫何法法木　遠火近土

也親屬臣諫不相去何法法水木枝葉不相
離也父爲子隱何法法木之藏火也子爲父
隱何法法水逃金也君有衆民何法法天有
衆星也王者賜先親近後疎遠何法法天雨
高者先得之也長幼何法法四時有孟仲季
也朋友何法法水合流相承也父母生子養
長子何法法水生木長大也子養父母何法
法夏養長木此火養母也不以父命廢主命
何法法金不畏土而畏火陽舒陰急何法法

日行遲月行疾也有分土無分民何法法四時各有分而所生者通也若言東東方天下皆生也君一娶九女何法法九州象天之施也不娶同姓何法法五行異類乃相生也子喪父母何法法木不見水則憔悴也喪三年何法法三年一閏天道終也父喪子夫喪妻何法法一歲物有終始天氣亦爲之變也年六十閉房何法法六月陽氣衰也人有五藏六府何法法五行六合也人目何法法日月

明也日照晝月照夜人目所不更照何法目亦更用事也王者監二王之後何法法木須金以正須水以潤也明王先賞後罰何法法四時先生後煞也

白虎通德論卷第三

白虎通德論卷第四

臣班固纂集

三軍

國有三軍何所以戒非常伐無道尊宗廟重社稷安不忘危也何以言有三軍也論語曰子行三軍則誰與詩云周王于邁六師及之三軍者何法法天地人也以爲五人爲伍五伍爲兩四兩爲卒五卒爲旅五旅爲師師二千五百人師爲一軍六師一萬五千人也傳

曰一人必死十人不能當百人必死千人不能當千人必死萬人不能當萬人必死橫行天下雖有萬人猶謙讓自以爲不足故復加五千人因法月數月者群陰之長也十二足以窮盡陰陽備物成功二千人亦足以征伐不義致太平也穀梁傳曰天子有六軍諸侯上國三軍次國二軍下國一軍諸侯所以一軍者何諸侯蕃屏之臣也任兵革之重距一方之難故得有一軍王者征伐所以必皮弁

素幘何伐者凶事素服示有悽愴也伐者質
故衣古服禮曰三王共皮弁素幘服亦皮弁素
幘又招虞人亦皮弁知伐亦皮王者將出辭
於禰還格祖禰者言子辭面之禮尊親之義
也王制曰王者將出類于上帝宜于社造于
禰尚書曰歸假于藝祖出所以告天告祖
無二元右廟後告者示不敢留尊者之命也
告天何示不敢自專非出辭反面之道也與
宗廟異義還不復告天者天道質無内外故

不復告也尚書言歸假于祖禰不見告於天知不告也王者受命質家先伐文家先正何質家之天命已也使已也誅無道今誅得爲王故先伐文家言天命已成爲王者乃得誅伐王者耳故先改正朔也又改正朔者文代其質也文者先其文質者先其質故論語曰予小子履敢昭告于皇天上帝此湯伐桀告天用夏家之法也詩云命此文王于周于京此言文王誅伐故改號爲周易邑爲京也明

天著忠臣孝子之義也湯親北面稱臣而事桀不忍相誅也禮曰湯放桀武伐紂時也王法天誅者天子自出者以為王者乃天之所立而欲謀危社稷故自出重天命也犯王法使方伯誅之尚書曰命予惟恭行天之罰此所以言開自出伐有邑也王制曰賜之弓矢乃得專征伐犯王誅者也大夫將兵出必不御者欲盛其威節士卒一意繫心也故但聞將軍令不聞君命也明進退大夫也春秋傳

曰此受命于君如伐齊則還何大其不伐喪
也大夫以君命出進退在大夫也天子遣將
軍必於廟何示不敢自專也獨於祖廟何制
法度者祖也王制曰受命于祖受成於學此
言於祖廟命遣之也王法年此受兵何重不
絕人嗣也師行不必勝故須其有世嗣年六
十歸兵者何不忍並鬬人父子也王制曰六
十不預服戎又曰八十一子不從政九十家
不從政父母之喪三年不從政齊衰大功三

月不從政廢疾非人不養者一人不從政古者師出不踰時者爲怨思也天道一時生一時養人者天之貴物也踰時則內有怨女外有曠夫詩云昔我往矣楊柳依依今我來思雨雪霏霏春秋曰宋人取長葛傳曰外取邑不書此何以書久也王者有三年之喪夷狄有內侵伐之者重天誅爲宗廟社稷也春秋傳曰天王居于狄泉傳曰此未三年其稱天王何著有天子也

誅伐

誅不避親戚何所以尊君卑臣強榦弱枝明善善惡惡之義也春秋傳曰季子煞其母兄何善尒誅不避母兄君臣之義尚書曰肆朕誕以爾東征誅弟也諸侯有三年之喪有罪且不誅何君子恕己哀孝子之思慕不忍加刑罰春秋曰晉士匄帥師侵齊至穀聞齊侯卒乃旋傳曰大其不伐喪也諸侯之義非天子之命不得動衆起兵誅不義者所以強榦

弱枝尊天子卑諸侯論語曰天下有道則禮樂征伐自天子出天下無道則禮樂征伐自諸侯出世無聖賢方伯諸侯有相滅者力能救者可也論語曰陳恒弑其君孔子沐浴而朝請討之王者侯之子篡弑其君而立臣下得誅之者廣討賊之義也春秋傳曰臣弑君臣不討賊非臣也又曰蔡世子班弑其君楚子誅之王者受命而起諸侯有臣弑君而立當誅君身死子不得繼者以其逆無所天也

詩云毋封靡于爾邦惟王其崇之此言追誅
大罪也或盜天子土地自立爲諸侯絶之而
已父煞其子當誅何以爲天地之性人爲貴
人皆天所生也託父母氣而生耳王者以養
長而教之故父不得專也春秋傳曰晉侯煞
世子申生不出蔡佞人當誅何爲其亂善行
傾覆國政韓詩内傳孔子爲魯司寇先誅少
正卯謂佞道已行亂國政也佞道未行章明
遠之而已論語曰放鄭聲遠佞人子得爲父

報讎者臣子於君父其義一也忠臣孝子所以不能已以恩義不可奪也故曰父之讎不與共天下兄弟之讎不與共國朋友之讎不與同朝族人之讎不共隣故春秋傳曰子不復讎非子檀弓記子夏問曰居兄弟之讎如之何仕不與同國銜君命遇之不鬬父母以義見殺子不復讎者為往來不止也春秋曰父不受誅子復讎可誅猶責也誅其人責其罪極其過惡春秋曰楚子虎誘蔡侯班殺之

于申傳曰誅君之子不立討者何謂討猶除
也欲言臣當掃除君之賊春秋曰衛人殺州
吁于濮傳曰其稱人何討賊之辭也伐者何
謂伐擊也欲言伐擊之也尚書曰武王伐紂
征者何謂也征猶正也欲言其正也輕重從
辭也誕以爾東征誅祿甫也又曰甲戌我惟
征徐戎戰者何謂尚書大傳曰戰者憚警之
也春秋讖曰戰者延改也弑者試也欲言臣
子殺其君父不敢卒候閒司事可稍稍弑之

易曰臣弑其君子弑其父非一朝一夕之故也篡者何謂也篡猶奪也取也欲言庶奪嫡孽奪宗引奪取其位春秋傳曰其人何篡辭也稍稍煞之辭者何謂也行不假途掩人不備也春秋傳曰其謂之秦何夷狄之也曷爲夷狄之秦伯將襲鄭人國掩人不備行不假途人銜枚馬繮勒晝伏夜行爲襲也諸侯家國入人家宜告主人所以尊敬防并兼也春秋傳曰桓公假途于陳而伐楚禮曰使次介

先假塗用束帛即如是諸侯貢至者道禮無往不反非謂所賣者也將入人國先使大夫執幣假道主人亦遣大夫迎於郊爲賓主設禮而待之是其相尊敬也防并兼奈何諸侯之行必有師旅恐掩人不備士卒斂取恒遅先假塗則預備之矣冬至所以休兵不舉事閉關商旅不行何此日陽氣微弱王者承天理物故率天下靜不復行役扶助微氣成萬物也故孝經緯曰夏至陰氣始動冬至陽氣

始萌易曰先王以至日閉關商旅不行夏至陰始起反大熱何陰氣始起陽氣推而上故大熱也冬至陽始起陰氣推而上故大寒也

諫諍

臣所以有諫君之義何盡忠納誠也愛之能無勞乎忠焉能無誨乎孝經曰天子有諍臣七人雖無道不失其天下諸侯有諍臣五人雖無道不失其國大夫有諍臣三人雖無道不失其家士有諍友則身不離於令名父有

諍子則身不陷於不義天子置左輔右弼前
凝後承以順左輔主修政刺不法右弼主糾
周言失傾前凝主糾度定德經後承主匡正
常考變天四弼興道率主行仁夫陽變於七
以三成故建三公序四諍列七人雖無道不
失天下杖群賢也諸侯諍不從得去何以屈
尊申卑孤惡君也去曰其質性頑鈍言愚不
任用請退避賢如是之是待以禮臣待放如
不以禮待遂去君待之以禮奈何曰予熟思

夫子言未得其道今子不且留聖王之制無
塞賢之路夫子欲何之則遣大夫送至于郊
必三諫者何以爲得君臣之義必得於郊者
忠厚之至也冀君覺悟能用之所以必三年
古者臣下有大喪君子年不呼其門所以復
君恩今已所言不合於禮義君欲罪之可得
也援神契曰三諫待放復二千盡惓惓也所
以言放者臣爲君諱若言有罪放之也所諫
事已行者遂去不留凡待放冀君用其言耳

事已行簒咎去無爲留也易曰介如石不終
日貞吉論語曰三日不朝孔子行臣待於郊
者君絕其祿者示不欲去也道不合耳祿參
三與之一留與其妻長子使終祭宗廟賜之
環則反賜之玦則去明君子重恥也王度記
曰反之以玦其不待放者亦與之物明有介
主無介民也詩曰逝將去汝適彼樂土或曰
天子之臣不得言放天子以天下爲家也親
屬諫不待放者骨肉無相去離之義也春秋

傳曰司馬子反曰請處乎此臣請歸子反者楚
公子也時不待放士不得諫者士賤不得預
政事故不得諫也謀及之得固盡其忠耳禮
保傅大夫進諫士傳民語妻得諫夫者夫婦
榮恥共之詩云相鼠有體人而無禮人而無
禮胡不遄死此妻諫夫之詩也諫不從不得
去之者本娶妻非爲諫正也故一與齊終身
不改此地無去夫之義也子諫父不去者父
子一體而分無相離之法猶火去木而滅也

論語事父母幾諫下言又敬不違臣之諫君何取法法金正木也子之諫父法火以揉木也臣諫君以義故折正之也子諫父以恩故但揉之也木無毀傷也待放去取法於水火無金則相離也諫者何諫間也因也更也是非相間革更其行也人懷五常故有五諫謂諷諫順諫窺諫指諫伯諫諷諫者智也患禍之萌深睹其事未彰而諷告此智性也順諫者仁也出辭遜順不逆君心仁之性也窺諫者

禮也視君顔色不悦且卻悦則復前以禮進
退此禮之性也指諫者信也指質相其事也
此信之性也陷諫者義也惻隱發於中直言
國之害勵志忘生為君不避喪身義之性也
孔子曰諫有五吾從諷之諫事君進思盡忠
退思補過去而不訕諫而不露故曲禮曰為
人臣不顯諫者纖微未見於外如詩所刺也若
過惡已著民蒙毒螫天見災變事白異露作
詩以刺之幸其覺悟也明王所以立諫諍者

皆爲重民而求已失也禮保傅曰於是立進
善之旌縣誹謗之木建招諫之鼓置法立史
記事者以爲臣下之儀樣人之所取法則也
動則當應禮是以必有記過之史徹膳之宰
禮玉藻曰動則左史書之言則右史書之禮
保傅曰王失度則史書之工誦之三公進讀
之宰夫徹其膳是以天子不得爲非故史之
義不書則死宰不徹膳亦死所以謂之史何
明王者爲之也謂之宰何宰于制也使制法

憂也宰所以徹膳何陰陽不調五穀不熟故王者爲不盡味而食之禮曰一穀不升不備鷄鶩二穀不升不備三牲人臣之義當掩惡揚美所以記君過何各有所緣也掩惡者謂廣德宣禮之臣所以爲君隱惡何君至尊故設輔弼置諫官本不當有遺失故論語曰陳司敗問昭公知禮乎孔子曰知禮此爲君隱也君所以不爲臣隱何以爲君之於臣無適無莫義之與比賞一善而衆臣勸罰一惡而

衆臣懼若爲畢隱爲不可殆也故尚書曰必
有賞罰以定厥功諸侯臣對天子亦爲隱乎
然本諸侯之臣今來者爲聘問天子無恙非
爲告君之惡來也故孝經曰將順其美匡救
其惡故上下治能相親也君不爲臣隱父獨
爲子隱何以爲父子一體而分榮恥相及故
論語曰父爲子隱子爲父隱直在其中矣兄
弟相爲隱乎曰然與父子同義故周公誅四
國常以禄用爲主也朋友相爲隱者人本接

朋結友爲欲立身揚名也朋友之道四焉通財不在其中近則正之遠則稱之樂則思之患則死之夫妻相爲隱乎傳曰曾去妻黎蒸不孰問曰婦有七出不蒸亦預乎曰吾聞之也絕交令可友棄妻令可嫁也黎蒸不熟而已何問其故乎此爲隱之也

鄉射

天所以親射何助陽氣達萬物也春氣微弱恐物有窒塞不能自達者夫射自內發外

貫堅入剛象物之生故以射達之也含文嘉
曰天子射熊諸侯射麋大夫射虎豹士射鹿
豕天子所以射熊何示服猛巧佞也熊為獸
猛巧者非但當服猛也示當服天下巧佞之
臣也諸侯射麋者示達遠迷惑人也麋之言迷
也大夫射虎豹者示服猛也士射鹿豕者示
除害也各取德所能服也大夫士兩射者人
臣示為君親視事身勞苦也或曰臣陰故數
偶也候者以布為之何用人事之始也本正

則未正矣所以名爲侯何明諸侯有不朝者
則射之故禮射祝曰嗟爾不寧侯爾不朝于
王所以故天下失業亢而射爾所以不射正
身何君子重同類不忍射之故畫獸而射之
射主何爲乎曰射義非一也夫射者執弓堅
固心平體正然後中也二人爭勝樂以德養
也勝負俱降以崇禮讓可以選士故射選士
大夫勝者發近而制遠也其兵短而害長也
故可以戒難也所以必因射助陽選士者所

以扶助微弱而抑其強和調陰陽戒不虞也
何以知爲戒難也詩云四矢反兮以禦亂兮
因射習禮樂射於堂上何示從上制下也禮
曰賓主執弓請升射於兩楹之間天子射百
二十步諸侯九十步大夫七十步士五十步
明尊者所服遠也卑者所服近也所以十月
行鄉飲酒之禮何所復尊卑長幼之義春夏
事急俊井次墻至有子使父弟使兄故以事
閑暇復長幼之序也王者父事三老兄事五

更者何欲陳孝悌之德以示天下也故雖天子必有尊也言有父也必有先也言有兄也天子臨辟雍親袒割牲尊三老父象也謁忠奉几杖授安車濡輪供綏執授兄事五更寵接禮交加客謙敬順貌也禮記祭義曰祀于明堂所以教諸侯之孝也享三老五更于太學者所以教諸侯悌也不正言父兄言老更者何老者壽考也欲言所令者多也更者更也所更歷者衆也即如是不但言老言三何欲

言其明於天地人之道而老也五更者欲言其明於五行之道而更事也三老五更幾人乎曰各一人何以知之既以父事父一而已不宜有三

致仕

臣七十懸車致仕者臣以執事趨走為職七十陽道極耳目不聰明跂踦之屬是以退去避賢者所以長廉恥也懸車示不用也致仕者致其事於君君不使自去者尊賢者也故

曲禮大夫七十而致仕王制曰七十致政鄉

大夫老有盛德者幼賜之几杖不備之以筋

力之禮在家者三分其祿以一與之所以厚

賢也人年七十卧非人不温適四方乘安車

與婦人俱自稱曰老夫曲禮曰大夫致仕若

不得謝則必賜之几杖王記曰臣致仕於君

者養之以其祿之半几杖所以扶助衰也故

王制曰五十杖於家六十杖於鄉七十杖於

國八十杖於朝臣老歸年九十君欲有問則

就其室以珎從明尊賢也故禮祭義曰八十
不仕朝於君問就之大夫老歸死以大夫禮
葬車馬衣服如之何曰盡如故也

辟雍

古者所以年十五入大學何以爲八歲毀齒
始有識知入學學書計七八十五陰陽備故
十五成童志明入太學學經術學之爲言覺
也悟所不知也故學以治性慮以變情故玉
不琢不成器人不學不知道子夏曰百工居

肄以致其重君子學以致其道故礼曰十年
曰幼學論語曰吾十有五而志於學三十而
立又生而知之者上也學而知之者次也是
以雖有自然之性必立師傅焉論語讖曰五
帝立師三王制之傳曰黃帝師力牧帝顓頊
師綠圖帝嚳師赤松子帝堯師務成子帝舜
師尹壽禹師國先生湯師伊尹文王師呂望
武王師尚父周公師虢叔孔子師老聃天子
太子諸侯世子皆就師於外尊師重先生之

道也禮曰有來學者無往教者也易曰匪我求童蒙童蒙求我王制曰小學在公宮南之左太學在郊又曰天子太子群后之太子公卿大夫之元士嫡子皆造焉父所以不自教子何爲世瀆也又授之道當極說陰陽夫婦變化之事不可父子相教也師弟子之道有三論語曰朋友自遠方來朋友之道也又曰回也視予猶父也父子之道以君臣之義教之君臣之道也天子立辟雍何所以行礼樂

宣德化也辟者璧也象璧圓又以法天於雍
水側象教化流行也辟之爲言積也積天下
之道德也雍之爲言壅也壅天下之殘賊故
謂之辟雍也王制曰天子曰辟雍諸侯曰泮
宮外圓者欲使觀之平均也又欲言外圓内
方明德當圓行當方也不言圓辟何又圓於
辟何以知其圓也以其言辟也何以知有外
也又詩云思樂泮水薄采其芹詩訓曰水圓
如璧諸侯曰泮宮者半於天子宮也明尊卑

有差所化少也半者象璜也獨南面禮儀之
方有水耳其餘壅之言垣宮名之別尊卑也
明不得化四方也不曰泮雍何遍但半天子
制度也詩云穆穆魯侯克明其德既作泮宮
淮夷攸服鄉曰庠里曰序庠者庠禮義也序
者序長幼也禮五帝記曰帝庠序之學則父
子有親長幼有序善鄉亦舍明令必次外然
後萌民者世未見於仁故立庠序以導之也
教民者皆里中之老而有道德者為右師教

里中之子弟以道藝孝悌行義立五帝之德
朝則坐於里之門弟子皆出就農而復罷示
如之皆入而復罷其有出入不時早晏不節
有過故使語之言心無由生也若既收藏皆
入教學立春而就事其有賢才美質如學者
足以聞其心頑鈍之民亦足以別於禽獸而
知人倫故無不教之民孔子曰以不教民戰
是謂弃之明無不教民也天子所以有靈臺
者何所以考天人之心察陰陽之會揆星度

之證驗爲万物獲福無方之元詩云經始靈
臺天子立明堂者所以通神靈感天地正四
時出教化宗有德重有道顯有能褒有行者
也明堂上圓下方八窗四闥布政之宫在國
之陽上圓法天下方法地八窻象八風四闥
法四時九室法九州十二坐法十二月三十
六戶三十六兩七十二牖法七十二風

災變

天所以有災變何所以譴告人君覺悟其行

欲令悔過修德深思慮也援神契曰行有玷缺氣逆于天情感變出以戒人也災異者何謂也春秋潛潭巴曰災之言傷也隨事而誅異之言恠先感動之也何以言災有哭也春秋曰新宮火三日哭傳曰必三日哭何禮也災三日哭所以然者宗廟先礼所處鬼神無形體曰今忽得天火得無爲災所中乎故哭也變者何謂變者非常也耀嘉曰禹將受位天意火變迅風靡木雷雨晝冥服乗者何謂

衣服乍大乍小言語非常故尚書大傳曰時
則有服乘也孽者何謂也曰介蟲生爲非常
尚書大傳曰時則有介蟲之孽時則有龜孽
堯遭洪水湯遭大旱亦有譴告乎堯遭洪水
湯遭大旱命運時然所以或災變或異何各
隨其行因其事也霜之爲言亡也陽以散亡
雹之爲言合也陰氣專精積合爲雹日食者
必殺之何陰侵陽也鼓用牲于社社者衆陰
之主以朱絲縈之鳴鼓攻之以陽責陰也故

春秋曰日食鼓用牲于社所以必用牲者社地別神也尊之故不敢虛責也日食大水則鼓於用牲於社大旱則雩祭求雨非苟虛也勑陽責下求陰道也月食救之者陰失明也故角尾交日月食救之者謂夫人擊鏡傳人擊杖庶人之妻楔搔

耕桑

王者所以親耕右親桑何以率天下農蠶也天子親耕以供郊廟之祭右之親桑以供祭

朖祭義曰天子三推三公五推卿大夫士七
推耕於東郊何東方少陽農事始起桑於西
郊西方少陰女功所成故曾子問曰天子耕
東田而三反之周官曰后親桑率外内婦蠶
於北郊礼祭義曰古者天子諸侯必有公桑
蠶室近外水爲之築周棘墻而外閉之者也

白虎通德論卷第四

（漢）班固　撰

元本白虎通德論

第二册

國家圖書館出版社

第二册目録

卷五

卷六

白虎通德論卷第五

臣班固纂集

封禪

王者易姓而起必升封泰山何教告之義也始受命之時改制應天天下太平功成封禪以告太平也所以必於泰山何萬物所交代之處也必於其上何因高告高順其類也故升封者增高也下禪梁甫之山基廣厚也刻石紀號者著己之功跡也以自效放也天以

高爲尊地以厚爲德故增泰山之高以放天
附梁甫之基以報地明天地之所命功成事
遂有益於天地若高者加高厚者加厚矣或
曰封者金泥銀繩或曰石泥金繩封以印璽
故孔子曰升泰山觀易姓之王可得而數者
七十有餘封者廣也言禪者明以成功相傳
也梁甫者太山旁山名正於梁甫何以三皇
禪於繹繹之山明已成功而去有德者居之
繹繹者無窮之意也五帝禪于亭亭者制度

審諟德著明也三王禪于梁甫之山者梁信也甫輔也輔天地之道而行之也太平乃封知告于天必也於岱宗何明知易姓也刻石紀號知自紀于百王也燎祭天報之義也望祭山川祀群神也詩云於皇明周陟其高山言周太平封太山也又曰墮山喬嶽允猶翕河言望祭山川百神來歸也天下太平符瑞所以來至者以為王者承統理調和陰陽陰陽和萬物序休氣充塞故符瑞並臻皆應德

而至德至天則斗極明日月光甘露降德至
地則嘉禾生蓂莢起秬鬯出太平感德至文
表則景星見五緯順軌德至草木朱草生木
連理德至鳥獸則鳳凰翔鸞鳥舞騏驎臻白
虎到狐九尾白雉降白鹿見白烏下德至山
陵則景雲出芝實茂陵出異丹阜出蓮甫山
出器車澤出神鼎德至淵泉則黃龍見醴泉
通河出龍圖洛出龜書江出大貝海出明珠
德至八方則祥風至佳氣時喜鐘律調音度

施四夷化越裳貢孝道至則以蓮甫者樹名也其葉大於門扇不搖自扇於飲食清涼助供養也繼嗣平明則賓連生於房戶賓連者木名連累相承故在於房戶象繼嗣也日曆得其分度則蓂以莢生於階間蓂莢樹名也月一日生一莢十五日畢至十六日去莢故莢階生似日月也賢不肖位不相踰則平路生于庭平路者樹名也官位得其人則生失其人則死狐九尾何狐死首丘不忘本也明

安不忘危也必九尾者也九妃得其所子孫繁息也於尾者何明後當盛也景星者大星也月或不見景星常見可以夜作有益於人民也甘露者美露也降則物無不盛者也朱草者赤草也可以染絳別尊卑也醴泉者美泉也狀若醴酒可以養老嘉禾者大禾也成王時有三苗異畝而生同爲一穟大幾盈車長幾充箱民有得而上之者成王訪周公而問之公曰三苗爲一穟天下當和爲一乎以

是果有越裳氏重九譯而來矣

巡狩

王者所以巡狩者何巡者循也狩牧也爲天下循行守牧民也道德太平恐遠近不同化幽隱有不得所考禮義正法度同律曆計時月皆爲民也尚書曰遂覲東后叶時月正日同律度量衡修五禮尚書大傳曰見諸侯問百年太師陳詩以觀民命風俗命市納賈以觀民好惡山川神祇有不舉者爲不敬不敬

者削以地宗廟有不順者爲不孝不孝者黜以爵變禮易樂爲不從不從君流改制度衣服爲畔畔者君討有功者賞之尚書曰明試以功車服以庸巡狩所以四時出何當承宗廟故不踰時也以夏之仲月者同律度當得其中也二月八月晝夜分五月十一月陰陽終尚書曰二月東巡狩至于岱宗柴五月南巡狩至于南岳八月西巡狩至于西岳十有一月朔巡狩至于北岳所以五歲巡狩何爲

太煩也過五年爲太疏也因天道時有所生歲有所成三歲一閏天道小備五歲再閏天道大備故五歲一巡狩三年小備二伯出述職黜陟一年物有終始歲有所成方伯行國時有所生諸侯行邑傳曰周公入爲三公出爲二伯中分天下出黜陟詩曰周公東征四國是皇言東征述職周公黜陟而天下皆正也又曰蔽芾甘棠勿翦勿伐召伯所茇言邵公述職親說舍於野樹之下也春秋穀梁傳

曰古之君民以時視民之勤巡狩祭天何本
巡狩爲祭天告至尚書曰東巡狩至于岱宗
柴也王者出必告廟何孝子出辭反面事死
如事生尚書歸假于祖禰曾子問曰王者諸
侯出稱告祖禰使祝遍告五廟尊親也王者
將出告天者示不專也故王制曰類于上帝
宜乎社造于禰類祭以祖配不曰接者尊無
二禮尊尊之義造于禰側見禰何辭從卑不
復留尊者之命至禰不嫌不至祖即祭告天

爲告事也祖爲出辭也並奠告于尊者然後
乃辭出王者諸侯出必將主何示有所尊故
曾子曰王者將出必以遷廟主行載于齋車
示有尊也無遷主以幣帛主告于祖禰廟遂
奉以出每舍奠焉蓋貴命也必以遷主者明
廟不可空也王者巡狩諸侯待于境者何諸
侯以守蕃爲職也禮祭義曰天子巡狩諸侯
待于境也王者巡狩必舍諸侯祖廟何明尊
無二上也故禮坊記曰君適其臣升自阼階

示不敢有其室也禮曰天子適諸侯必舍其
祖廟王者出一公以其屬守二公以其屬從
也王者巡狩崩于道歸葬何夫太子當爲喪
主天下皆來奔喪京師四方之中也即如是
舜葬蒼梧禹葬會稽于時尚質故死則止葬
不重煩擾也何以知太平乃巡狩以武王不
巡狩至成王乃巡狩岳者何謂也岳之爲言
桷桷功德東方爲岱宗者言萬物更相代於
東方也南方霍山者霍之爲言護也言萬物

護也太陽用事護養萬物也西方爲華山者華之爲言穫也言萬物成熟可得穫也北方爲恒山恒者常也萬物伏藏於北方有常也中央爲嵩高山言其後大之也故尚書大傳曰五岳謂岱山霍山華山恒山嵩高山也謂之瀆何瀆者濁也中國垢濁發源東注海其功着大故稱瀆也爾雅云江河淮濟爲四瀆也

考黜

諸侯所以考黜何王者所以勉賢抑惡重民

之至也尚書曰三載考績三考黜陟禮記九錫車馬衣服樂朱戶納陛虎賁鈇鉞弓矢秬鬯皆隨其德可行而賜車馬能安民者賜衣服能使民和樂者賜以樂民衆多者賜以朱戶能進善者賜以納陛能退惡者賜以虎賁能誅有罪者賜以鈇鉞能征不義者賜以弓矢孝道備者賜以秬鬯以先後與施行之次自不相踰相爲本末然安民然後富貴而後樂樂而後衆乃多賢賢乃能進善進善乃能

進惡退惡乃能斷刑內能正己外能正人內
外行備孝道乃生能安民故賜車馬以著其
功德安其身能使人富足衣食倉廩實故賜
衣服以彰其體能使民和樂故賜之樂以事
其先也禮曰夫賜樂者不得以時王之樂事
其宗廟也朱盛色戶所以紀民數也故民衆
多賜朱戶也古者人君下賢降階一等而禮
之故進賢賜之納陛以優之也既能進善當
能戒惡故賜虎賁虎賁者所以戒不虞而距

惡惡惡當斷刑故賜之鈇鉞鈇鉞所以斷大
刑刑罰既中則能征不義故賜弓矢弓矢所
以征不義伐無道也圭瓚秬鬯宗廟之盛禮
故孝道備而賜之秬鬯所以極著孝道孝道
純備故內和外榮玉以象德金以配情芬香
條鬯以通神靈玉飾其本君子之性金飾其
中君子之道君子有黃中通理之道美素德
金者精和之至也玉者德美之至也鬯者芬
香之至也君子有玉瓚秬鬯乎車者以配道

德也其至矣合天下之極美以通其志也其唯王瓚秬鬯平車者謂有赤有青之蓋朱輪特能居前左右寢米無也以其進止有節德綏民路車乘馬以安其身言成章行成規卷龍之衣服表顯其德長於教誨內懷至仁則賜時王樂以化其民進賢達德動作有禮賜之納陛以安其體居處修治房內節男女時配貴賤有別則賜朱戶以明其德烈威武有矜嚴仁堅強賜以虎賁以備非常喜怒有節

誅伐刑賜以鈇鉞使得專殺好惡無私執義
不傾賜以弓矢使得專征孝道之美百行之
本也故賜以玉瓚得專爲賜也故王制曰賜
之弓矢然後專殺又曰賜圭瓚然後爲鬯未
賜者資暢於天子王度記曰天子鬯諸侯薰
大夫芭蘭士蒹庶人艾車馬衣服樂三等者
賜與其物禮天子賜諸侯民服車路先設路
下四惡之又曰諸公奉選服王制曰天子賜
諸侯樂則以柷將之詩曰君子來朝何錫與

之雖無與之路車乘馬又何以與之玄衮乃
黼書曰明試以功車服以庸朱户納陛虎賁
者皆與之制度而鈇鉞弓矢玉鬯皆與之物
各因其宜也秬者黑黍一稃二米鬯者以百
草之香鬱金合而釀之成爲鬯陽達於墻屋
入于淵泉所以灌地降神也玉瓚者器名也
所以灌鬯之器也以圭飾其柄灌鬯貴玉器
也所以三歲一考績何三年有成故於是賞
有功黜不肖尚書曰三載考績三考黜陟何

以知始考輒黜之尚書曰三年一考少黜以
地書所言三考黜否謂爵土異也小國考之
有功增土進爵後考無功削黜後考有功上
而賜之矣五十里不過五賜而進爵土七十
里不過七賜而進爵土能有小大行有進退
也一説盛德始封百里者賜三等得征伐專
殺斷獄七十里伯始封賜二等至虎賁百人
後有功賜弓矢復有功賜秬鬯增爵爲侯益
土百里復有功入爲三公五十里子男始封

賜一等至樂復有功稍賜至虎賁增爵為伯
復有功稍賜至秬鬯增爵為侯未賜鈇鉞者
從大國連率方伯而斷獄受命之五致太平
之主美群臣上下之功故盡封之及中興征
伐大功皆封所以著大功盛德之主亦封之
所以尊有德也以德封者必試之必附庸三
年有功因而封五十里元士有功者亦為附
庸世其位大夫有功成封五十里卿功成封
七十里公功成封百里士有功德遷為大夫

大夫有功德遷爲卿卿有功德遷爲公故爵主有德封主有功也諸侯有九賜習其賜者何子之能否未可知也或曰得之但未得行其習以專也三年有功則皆得用之矣二考無功則削其地而賜自并知明本非其身所得也身得之者得以賜當稍黜之爵所以封賢也三公功成當封而死得立其子爲附庸賢者之體能有一也不二矣一削爲七十里侯再削爲七十里伯三削爲寄公七十里伯

一削爲五十里伯二削爲五十里子三削地
盡五十里子一削爲三十里子再削爲三十
里男三削地盡五十里男一削爲三十里男
再削爲三十里附庸二削爵盡所以至三削
何禮成於三三三而不改雖反無益也尚書
曰三考黜陟先削地後黜爵者何爵者尊號
也地者人所任也今不能治廣土衆民故先
削其土地也故王制曰宗廟有不順者君黜
以爵山川神祇有不舉者君削以地明爵土

不相隨也或曰惡人貪狠重土故先削其所重者以懼之也諸侯始封爵土相隨者何君子重德薄刑賞疑從重詩云三曰叔父建爾元子俾侯于魯君幼稚唯考不黜者何君子不備責童子也禮八十曰耄九十曰悼悼與耄雖有罪不加刑焉二王後不貶黜者何尊賓客重先王也以其嘗公也罪惡足以絕之即絕更立其次周公誅祿甫立微子妻父母不削已昆弟削而不黜何非以賢能得之也

至於老小但今得大夫受其罪而已諸侯喑聾跛躄惡疾不免黜者何尊人君也春秋曰甲戌己丑陳侯鮑卒傳曰甲戌之日亡己丑之死而得有狂易之病皆亡而死由不絕也世子有惡疾廢者何以其不可承先祖也故春秋傳曰兄弟何以不立疾也何疾惡疾也

白虎通德論卷第五

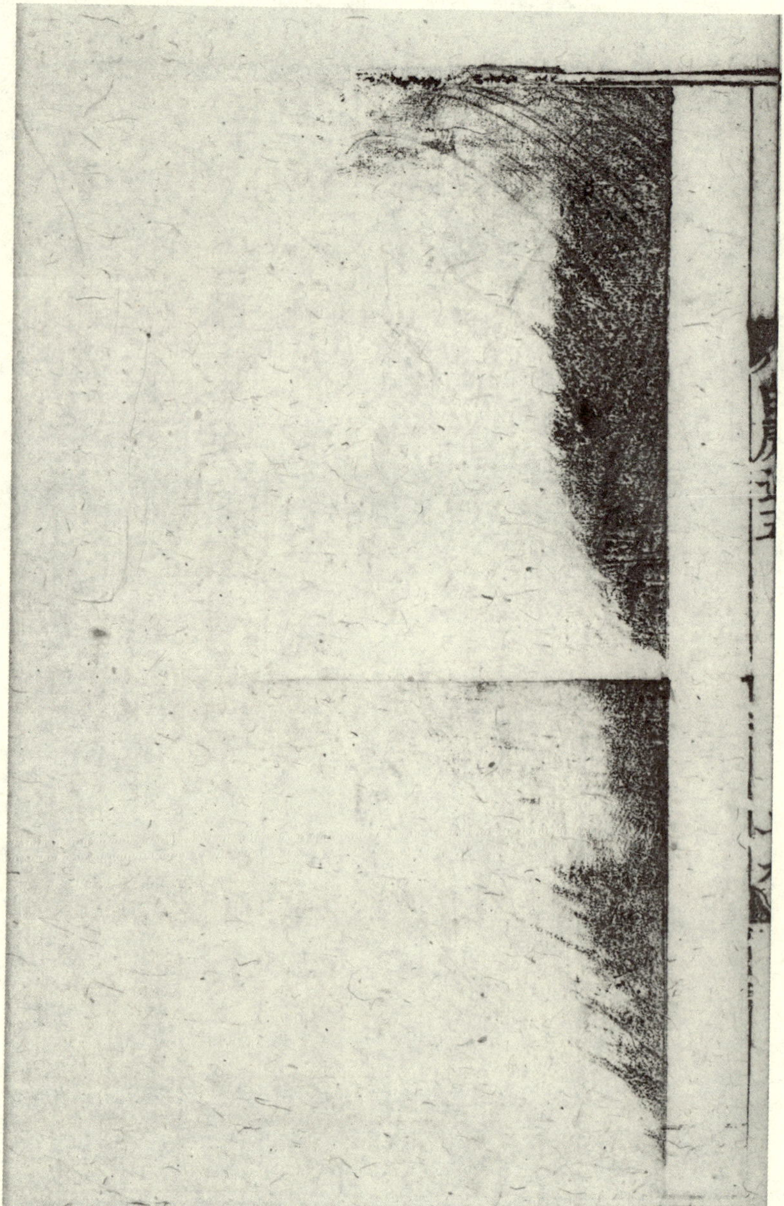

白虎通德論卷第六

臣班固纂集

王者不臣

王者所以不臣三何也謂三王之後妻之父母夷狄也不臣二王之後者尊先王通天下之三統也詩云有客有客亦白其馬謂微子朝周也尚書曰虞賓在位不臣丹朱也不臣妻父母何妻者與己一體恭承宗廟欲得其歡心上承先祖下繼萬世傳於無窮故不臣

也春秋曰紀季姜歸于京師父母之於子雖
爲王后尊不加於父母加王何王者不臣也
人譏宋三世內娶於國中謂無臣也夷狄者
與中國絕域異俗非中和氣所生非禮義所
能化故不臣也春秋傳曰夷狄相誘君子不
疾尚書大傳曰正朔所不加即君子所不臣
也王者有暫不臣者五謂祭尸受授之師將
師用兵三老五更不臣祭尸者方與尊者配
也不臣受授之師者尊師重道欲使極陳天

人之意也故禮學記曰當其爲師則不臣也
當其爲尸則不臣也不臣將師用兵者重士
衆爲敵國不可從外治兵不可從内御欲
成其威一其令春秋之義兵不稱使明不可
臣也不臣三老五更者欲率天下爲人子弟
禮曰父事三老兄事五更王者不純臣諸侯
何尊重之以其列土傳子孫世世稱君南面
而治凡不臣異朝則迎之於著覲則待之於
阼階升降自西階爲庭燎設九賓享禮而後

歸是異於衆臣也始封之君不臣諸父弟何
不忍以己一日之功德加於諸父兄弟也故
禮服傳曰封君之子不臣諸父封君之孫盡
臣之禮服傳曰子得爲父臣者不遺善之義
也詩云文武受命召公雖翰召公文王子也
傳曰子不得爲父臣者閨門尚和朝廷尚敬
人不能無過失爲恩傷義也王者臣不得爲
諸侯臣以其尊當與諸侯同春秋傳曰許公
不世待以初或曰王者臣得復爲諸侯臣者

爲衰世主上不明賢者非其罪而去道不施
行百姓不得其所復令得爲諸侯臣施行其
道易曰不事王侯此據言王之致仕臣也言
不事王可知復言侯者明年少復得仕於諸
侯也王者臣有不名者五先王老臣不名親
與先王戮力共治國同功於天下故尊而不
名也尚書曰咨爾伯不言名也不名者貴賢
者而已共成先祖功德德加于百姓者也春
秋曰單父不言名傳曰大夫之命于天子者

大也盛德之士名尊賢也春秋曰公弟叔肸

諸父諸兄不名諸父諸兄者親與己父兄有

敵體之義也詩云王曰叔父春秋傳曰王禮

者何無長之稱也不名盛德之士者不可屈

爵祿也故韓詩內傳曰師臣者帝交友受臣

者王臣臣者爵魯臣者亡不行

蓍龜

天子下至士皆有蓍龜者重事決疑示不自

專尚書曰女則有大疑謀及卿士謀及庶人

謀及卜筮定天下之吉凶成天下之亹亹者莫善於蓍龜禮三正記曰天子龜長一尺二寸諸侯一尺大夫八寸士六寸龜陰故數偶也天子蓍長九尺諸侯七尺大夫五尺士三尺蓍陽故數奇也所以先謀及卿士何先盡人事念而不能得思而不能知然後問於蓍龜聖人獨見先睹必問蓍龜何示不自專也或曰清微無端緒非聖人所及聖人亦疑之尚書曰女則有疑謂武王也乾草枯骨衆多

非一獨以灼龜何此天地之間壽考之物故問之也龜之爲言久也蓍之爲言耆也久長意也龜曰卜蓍曰筮何卜赴也爆見兆筮也者信也見其卦也尚書卜三龜禮士冠經曰筮于廟門外筮畫卦所以必於廟何託義歸智於先祖至尊故因先祖而問之也卜春秋何方以爲於西方東面蓋蓍之處也卜時西鄉已卜退東向問蓍於東方西面以少問老之義皮弁素積求之於質也禮曰皮弁素積筮

于廟門之外或曰天子占卜九人諸侯七人大夫五人士三人又尚書曰三人占則從二人之言不見吉凶于蓍復以卜何蓍者陽道多變變乃成龜以荆火灼之何禮雜記曰龜陰之老也蓍陽之老也龍非水不處龜非火不兆以陽動陰也必以荆者取其究音也禮三正記曰灼龜以荆以火動龜不以水動蓍何以爲嘔則是也蓍龜敗則埋之何重之不欲人襲尊者也周官曰九國之大事先筮而

後卜凡卜人君視體大夫視色士視墨凡人卜事視高揚火以作龜凡取龜用秋時攻龜用冬時

聖人

聖人者何聖者通也道也聲也道無所不通明無所不照聞聲知情與天地合德日月合明四時合序鬼神合吉凶禮別名記曰五人曰茂十人曰選百人曰俊千人曰英倍英曰賢萬人曰傑萬傑曰聖聖人未没時寧知其

聖乎曰知之論語曰太宰問子貢曰夫子聖
者歟孔子曰太宰知我乎聖人亦自知聖乎
曰知之孔子曰文王既没文不在兹乎何以
知帝王聖人也易曰古者伏羲氏之王天下
也於是始作八卦又曰聖人之作易也又曰
伏羲氏没神農氏作神農没黄帝堯舜氏作
文俱言作明皆聖人也論語曰聖乎堯舜其
由病諸何以言禹湯聖人論語曰巍巍乎舜
禹之有天下而不預焉與舜比方巍巍知禹

湯聖人春秋傳曰湯以聖德故放桀何以言
文王武王周公皆聖人詩曰文王受命非聖
不能受命易曰湯武革命順乎天湯武與文
王比方孝經曰則周公其人也下言夫聖人
之德又何以加於孝乎何以言臯陶聖人也
以自篇曰若稽古臯陶聖人而能爲舜陳道
朕言惠可底行又旁施象刑維明又聖人皆
有表異傳曰伏羲禄衡連珠唯大目鼻龍伏
作易八卦以應樞黄帝顔得天匡陽上法中

宿取象文昌顓頊戴午是謂清明發節移度
蓋象招搖帝嚳駢齒上法月參康度成紀取
理陰陽堯眉八彩是謂通明曆象日月璇璣
玉衡舜重瞳子是謂玄景上應攝提以象三
光禮曰禹耳三漏是謂大通興利除害决河
踈江皋陶鳥喙是謂至誠决獄明白察於人
情湯臂三肘是謂柳翼攘去不義萬民蕃息
文王四乳是謂至仁天下所歸百姓所親武
王望羊是謂攝揚盱目陳兵天下富昌周公

背僂是謂強俊成就周道輔於幼主孔子反
宇是謂尼甫立德澤所與藏元通流聖人所
以能獨見前覩與神通精者蓋皆天所生也

八風

風者何謂也風之爲言萌也養物成功所以
象八卦陽立於五極於九五九四十五日變
變以爲風陰合陽以生風距冬至四十五日
條風至條者生也四十五日明庶風至明庶
者迎衆也四十五日清明風至清明者清芒

也四十五日景風至景大風陽氣長養四十
五日涼風至涼寒也行陰氣也四十五日昌
盍風至戒收藏也四十五日不周風至不周
者不交也陰陽未合化也四十五日廣莫風
廣莫者大也同陽氣也故曰條風至地暖明
庶風至萬物産清明風至物形乾景風至棘
造實涼風至黍禾乾昌盍風至生薺麥不周
風至蟄蟲匿廣莫風至則萬物伏是以王者
承順之條風至則出輕刑解稽留明庶風至

則修封疆理田疇清明風至出幣帛使諸侯
景風至則爵有德封有功凉風至報地德化
四鄉昌盍風至則申象刑飾囷倉不周風至
則築宮室修城郭廣莫風至則斷大辟行獄
刑

商賈

商賈何謂也商之爲言商其遠近度其有亡
通四方之物故謂之商也賈之爲言固固有
其用物以待民來以求其利者也行曰商止

白賈易曰先王以至日閉關商旅不行后不省方論語曰沽之哉我待價者也即如是尚書曰肇牽車牛遠服賈用方言遠行可知也方言欽厥父母欲留供養之也

白虎通德論卷第六

白虎通德論卷第七

臣班　固　纂集

文質

王者始立諸侯皆見何當受法稟正教也尚書輯五瑞覲四嶽謂舜始即位見四方諸侯合符信詩云玄王桓撥受小國是達受大國是達言湯王天下大小國諸侯皆來見湯能通達以禮義也周頌曰烈文辟公錫茲祉福言武王伐紂定天下諸侯來會聚於京師受

法度也遠近莫不至受命之君天之所興四方莫敢違夷狄咸率服故也何謂五瑞謂珪璧琮璜璋也禮曰天子珪尺二寸又曰博三寸剡上寸半厚半寸爲珪爲璋方中圓外曰璧半璧曰璜圓中牙身玄外曰琮禮記王度曰王者有象君之德燥不輕濕不重薄不澆廉不傷疵不掩是以人君寶之天子之純玉尺有二寸公侯九寸四玉一石也伯子男俱三玉二石也五玉者各何施盖以爲璜以徵召

璧以聘問璋以發兵珪以信質琮以起土功之事也珪以爲信者何珪者兑上象物皆生見於上也信莫著于作見故以珪爲信而見萬物之始莫不自潔珪之爲言潔也上兑陽也下方陰也陽尊故其禮順備也在位東方陽見義於上也璧以聘問何璧者方中圓外象地地道安寧而出財物故以璧聘問也方中陰德方也圓外陰繫於陽也陰德盛於內故見象於內位在中央璧之爲言積也中央

故有天地之象所以據用也內方象地外圓
象天也璜所以徵召何璜者半璧位在北方
北陰極而陽始起故象半陰陽氣始施徵召
萬物故以徵召也不象陰何陽始物微未可
見璜者横也質尊之命也陽氣横于黄泉故
曰璜璜之爲言光也陽光所及莫不動也象
君之威命所加莫敢不從陽之所施無不節
也璋以發兵何璋半珪位在南方南方陽極
而陰始起兵亦陰也故以發兵也不象其陰

何陰始起物尚凝未可象也璋之爲言明也賞罰之道使臣之禮當章明也南方之時萬物莫不章故謂之璋琮以起土功發聚衆何琮之爲言聖也象萬物之宗聚聖也功之所成故以起土功發衆也位西方西方陽收功於内陰出城於外内圓象陽外直爲陰外牙而内湊象聚會也故謂之琮后夫人之財也五玉所施非一不可勝條略舉大者也合符信者謂天子執瑁以朝諸侯諸侯執圭以覲

天子瑁之爲言冒也上有所覆下有所冒故
覲禮曰侯氏執圭升堂尚書大傳曰天子執
瑁以朝諸侯又曰諸侯執所受圭與璧朝于
天子無過者復得其珪以歸其拜有過者留
其圭能正行者復還其珪三年珪不復少絀
以爵圭所以還何以爲琮信端也璧所以留
者以財幣盡輙更造何以言之禮曰圭造尺
八寸有造圭門得造璧也公圭九寸四玉一
石何以知不以玉爲四器石持爲也以尚書

合言五玉也臣見君所以有贄何贄者質也質己之誠致己之悃愊也王者緣臣子心以爲之制差其尊卑以副其意公侯以玉爲贄者玉取其燥不輕濕不重公之德全輕以羔者取其群不黨卿職在盡忠率下不阿黨也大夫以鴈爲贄者取其飛成行列大夫職在以奉命之適四方動作當能自正以事君也士以雉爲贄者取其不可誘之以食懾之以威必死不可生畜士行威守節死義不當移

轉也曲禮曰卿羔大夫以鴈士以雉爲贄庶人之贄疋童子委贄而退野外軍中無贄以纓拾矢可也言必有贄也疋謂鶩也卿大夫贄古以麑鹿今以羔鴈何以爲古者贄取其內謂得美草鳴相呼今文取其外謂羔跪乳鴈有行列也禮相見經曰上大夫相見以羔左顧右贄執麑明古以麑鹿今以羔也卿大夫贄變君與士贄不變何人君至尊極美之物以爲贄士賤伏節死義一介之道也故不

變私相見亦有贄何所以相尊敬長和睦也朋友之際五常之道有通財之義賑窮救急之意中心好之欲飲食之故財幣者所以副至意也禮士相見經曰上大夫相見以鴈士冬以雉夏以脯也婦人之贄以棗栗腶脩者婦人無專制之義御衆之任交接辭讓之禮職在供養饋食之間其義一也故后夫人以棗栗腶脩者凡內脩陰也又取其朝早起栗戰慄自正也腶脩者脯也故春秋傳曰宗婦

覿用幣非禮也然則棗栗云乎腶脩云乎子見父無贄何至親也見無時故無贄臣之事君以義合也得親供養故質己之誠副己之意故有贄也

[illegible]三正

王者受命必改朔何明易姓示不相襲也明受之於天不受之於人所以變易民心革其耳目以助化也故喪服大傳曰王始起改正朔易服色殊徽號異器械別衣服也是以舜

禹雖繼太平猶宜改以應天王者改作樂必
得天應而後作何重改制也春秋瑞應傳曰
敬受瑞應而王改正朔易服色易曰湯武革
命順乎天而應乎民也文家先改正質家先
改正質家先伐何改正者文伐者質文者先
其文質者先其質論語曰予小子履敢用玄
牲敢昭告于皇天后帝此湯伐桀告天以夏
之牲也詩云命此文王于周于京此言文王
改號爲周易邑爲京也又曰清酒既載騂牡

既備言文王之牲周尚赤也正朔有三何本天有三統謂三微之月也明王者當奉順而成之故受命各統一正也敬始重本也朔者蘇也革也言萬物革更於是故統爲禮三正記曰正朔三而改文質再而復也三微者何謂也陽氣始施黃泉萬物動微而未著也十一月之時陽氣始養根株黃泉之下萬物皆赤赤者盛陽之氣也故周爲天正色尚赤也十二月之時萬物始牙而白白者陰氣

故殷爲地正色尚白也十三月之時萬物始
達乎由而出皆黑人得加功故夏爲人正色
尚黑尚書大傳曰夏以孟春月爲正殷以季
冬月爲正周以仲冬月爲正夏以十三月爲
正色尚黑以平旦爲朔殷以十二月爲正色
尚白以雞鳴爲朔周以十一月爲正色尚赤
以夜半爲朔不以二月後爲正者萬物不齊
莫適所統故必以三微之月也三正之相承
若順連環也孔子承周之弊行夏之時知繼

十一月正者當用十三月也天道左旋改正者右行何也改正者非改天道也但改日月耳日月右行故改正亦右行也日尊於月不言正日言正月何也積日成月物隨月而變故據物爲正也天質地文質者據質文者據文周反統天正何也質文再而復正朔三而改三微質文數不相配故正不隨質文也王者受命而起或有所不改者何也王者有改道之文無改道之質如君南面臣北面皮弁

素積聲味不可變、哀戚不可改、百世不易之道也王者所以存二王之後何也所以尊先王通天下之三統也明天下非一家之有謹敬謙讓之至也故封之百里使得服其正色用其禮樂永事先祖論語曰夏禮吾能言之杞不足徵也殷禮吾能言之宋不足徵也春秋傳曰王者存二王之後使服其正色行其禮樂詩曰厥作祼將常服黼冔言微子服殷之冠助祭於周也周頌曰有客有客亦白其

馬此微子朝周也二王之後若有聖德受命
而王當因其改之耶天下之所安得受命耶
非其運次者王者必一質一文何以承天地
順陰陽陽之道極則陰道受陰之道極則陽
道受明二陰二陽不能相繼也質法天文法
地而已故天爲質地受而化之養而成之故
爲文尚書大傳曰王者一質一文據天地之
道禮三正記曰質法天文法地也帝王始起
先質後文者順天下之道本末之義先後之

序也事莫不先有質性乃後有文章也

三教

王者設三教何承衰救弊欲民反正道也三正之有失故立三教以相指受夏人之王教以忠其失野救野之失莫如敬殷人之王教以敬其失鬼救鬼之失莫如文周人之王教以文其失薄救薄之失莫如忠繼周尚黑制與夏同三者如順連環周則復始窮則反本樂稽燿嘉曰顔回向三教變虞夏何如曰教

者所以追補敗政靡弊溷濁謂之治也舜之承堯無爲易也或曰三教改易夏后氏始高宗亦承弊所以不改教何明子無改父之道也何言知高宗不改之以周之教承以文也三教所以先忠者行之本也三教一體而分不可單行顧王者行之有先後何以言三教並施不可單行也以忠敬文無可去者也教所以三何法天地人内忠外敬文飾之故三而備也即法天地人各何施忠法人敬法地

文法天人道主忠人以至道教人忠之至也人以忠教故忠爲人教也地道謙卑天之所生地敬養之以敬爲地教也教者何謂也教者効也上爲之下効之民有質朴不教不成故孝經曰先王見教之可以化民論語曰不教民戰是謂弃之尚書曰以教祗德詩云爾之教矣欲民斯効忠形於悃誠故失野敬形於祭祀故失鬼文形於飾皃故失薄夏后氏用明器殺人用祭器周人兼用之何謂曰夏

后氏教以忠故先明器以奪孝子之心也殷
人教以敬故先祭器敬之至也周人教以文
故兼用之周人意至文也孔子曰之死而致
死之不仁而不可爲也之死而致生之不知
而不可爲也故有死道焉以奪孝子之心也
有生道焉使人多倍也故竹器不成用木器
不成斲瓦器不成沫琴瑟張而不平竽笙備
而不和有鍾磬而無簨簴縣示備物而不可
用也孔子曰爲明器者善爲備者不仁塗車

蓋靈自古有之言今古皆然也

三綱六紀

三綱者何謂也謂君臣父子夫婦也六紀者謂諸父兄弟族人諸舅師長朋友也故君爲臣綱夫爲妻綱又曰敬諸父兄六紀道行諸舅有義族人有序昆弟有親師長有尊朋友有舊何謂綱紀綱者張也紀者理也大者爲綱小者爲紀所以強理上下整齊人道也人皆懷五常之性有親愛之心是以紀綱爲化

若羅綱之有紀綱而萬目張也詩云亹亹我王綱紀四方君臣父子夫婦六人也所以稱三綱何一陰一陽謂之道陽得陰而成陰得陽而序剛柔相配故六人爲三綱三綱法天地人六紀法六合君臣法天取象日月屈信歸功天也父子法地取象五行轉相生也夫婦法人取象六合陰陽有施化端也六紀爲三綱之紀者也師長君臣之紀也以其皆成己也諸父兄弟父子之紀也以其有親恩連

也諸舅朋友夫婦之紀也以其皆有同志爲紀助也君臣者何謂也君群也下之所歸心臣者繵堅也屬志自堅固春秋傳曰君處此臣請歸也父子者何謂也父者矩也以法度教子子者孳孳無已也故孝經曰父有爭子則身不陷於不義夫婦者何謂也夫者扶也以道扶接也婦者服也以禮屈服昏禮曰夫親脫婦之纓傳曰夫婦判合也朋友者何謂也朋者黨也友者有也禮記曰同門曰朋同

志曰友朋友之交近則謗其言遠則不相訕一人有善其心好之一人有惡其心痛之貨則通而不計共憂患而相救生不屬死不託故論語曰子路云願車馬衣輕裘與朋友共敝之又曰朋友無所歸生於我乎死於我乎殯朋友之道親存不得行者二不得許友以其身不得專通財之恩友飢則白之於父兄父兄許之乃稱父兄與之不聽即止故曰友飢爲之減飡大寒爲之不重裘故論語曰有

父兄在如之何其聞斯行之也男稱兄弟女
稱姊妹何男女異姓故別其稱也何以言之
禮親屬記曰男子先生稱兄後生稱弟女子
先生爲姊後生爲妹父之昆弟不俱謂之世
叔父之女昆弟俱謂之姑何也以爲諸父曰
內親也故別稱之也姑當外適人疏故總言
之也至姊妹亦當外適人所以別諸姊妹何
以爲事諸姑禮等可以外出又同故稱略也
至姊妹雖欲有略之姊尊妹卑其禮異也詩

云問我諸姑遂及伯姊謂之舅姑何舅者舊也姑者故也舊故之者老人之稱也謂之姊妹何姊者恣也妹者末也謂之兄弟何兄者況也況父法也弟者悌也心順行篤也稱夫之父母謂之舅姑何尊如父而非父者舅也親如母而非母者姑也故稱夫之父母爲舅姑也

白虎通德論卷第七

白虎通德論卷第八

臣班固纂集

情性

情性者何謂也性者陽之施情者陰之化也人稟陰陽氣而生故內懷五性六情情者靜也性者生也此人所稟六氣以生者也故鈎命决曰情生於陰欲以時念也性生於陽以理也陽氣者仁陰氣者貪故情有利欲性有仁也五常者何謂仁義禮智信也仁者不忍

也施生愛人也義者宜也斷決得中也禮者
履也履道成文也智者知也獨見前聞不惑
於事見微者也信者誠也專一不移也故人
生而應八卦之體得五氣以爲常仁義禮智
信是也六情者何謂也喜怒哀樂愛惡謂六
情所以扶成五性性所以五情所以六者何
人本含六律五行氣而生故內有五藏六府
此情性之所由出入也樂動聲儀曰官有六
府人有五藏五藏者何也謂肝心肺腎脾也

肝之為言干也肺之為言費也情動得序心之為言任也任於恩也腎之為言寫也以竅寫也脾之為言辨也所以積精稟氣也五藏肝仁肺義心禮腎智脾信也肝所以仁者何肝木之精也仁者好生東方者陽也萬物始生故肝象木色青而有枝葉目為之候何目能出淚而不能内物木亦能出枝葉不能有所内也肺所以義者何肺者金之精義者斷決西方亦金成萬物也故肺象金色白也鼻

爲之候何鼻出入氣高而有竅山亦有金石累積亦有孔穴出雲布雨以潤天下雨則雲消鼻能出納氣也心所以爲禮何心火之精也南方尊陽在上卑陰在下禮有尊卑故心象火色赤而銳也人有道尊天本在上故心下銳也耳爲之候何耳能遍内外別音語火照有似於禮上下分明腎所以智何腎者水之精智者進而止無所疑惑水亦進而不惑北方水故腎色黑水陰故腎雙竅爲之候何

竅能瀉水亦能流濡脾所以信何脾者土之精也土尚任養萬物爲之象生物無所私信之至也故脾象土色黄也口爲之候何口能啖嘗舌能知味亦能出音聲吐滋液故元命苞曰目者肝之使肝者木之精蒼龍之位也鼻者肺之使肺者金之精制割立斷耳者心之候心者火之精上爲張星陰者腎之寫腎者水之精上爲虛危口者脾之門戶脾者土之精上爲北斗主變化者也或曰口者心之

候耳者腎之候或曰肝繫於目肺繫於鼻心繫於口脾繫於舌腎繫於耳六府者何謂也謂大腸小腸胃膀胱三焦膽也府者爲藏宮府也故禮運記曰六情所以扶成五性也胃者脾之府也脾主稟氣胃者穀之委也故脾稟氣也膀胱者腎之府也腎者主瀉膀胱常能有熱故先決難也三焦者包絡府也水穀之道路氣之所終始也故上焦若竅中焦若編下焦若瀆膽者肝之府也肝者木之精也

主仁仁者不忍故以膽斷也是以肝膽二者必有勇也肝膽異趣何以知相爲府也肝者木之精也木之爲言牧也人怒無不色青目脹張者是其効也小腸大腸心肺府也主禮義禮義者有分理腸之大小相承受也腸爲心肺主心爲皮體主故爲兩府也目爲心視口爲心譚耳爲心聽鼻爲心嗅是其支體主也喜在西方怒在東方好在北方惡在南方哀在下樂在上何以西方萬物之成故喜東

方萬物之生故怒北方陽氣始施故好南方陰氣始起故惡上多樂下多哀也魂魄者何謂魂猶伝伝也行不休於外也主於情魄者迫然著人主於性也魂者芸也情以除穢魄者白也性以治內精神者何謂也精者靜也太陰施化之氣也象火之化任生也神者恍惚太陰之氣也間總云支體萬化之本也

壽命

命者何謂也人之壽也天命已使生者也命

有三科以記驗有壽命以保度有遭命以遇暴有隨命以應行習壽命者上命也若言文王受命唯中身享國五十年隨命者隨行爲命若言怠弃三正天用勦絶其命矣又欲使民務仁立義闕無滔天滔天則司命舉過言則用以弊之遭命者逢世殘賊若上逢亂君下必災變暴至夭絶人命沙鹿崩于受邑是也冉伯牛危言正行而遭惡疾孔子曰命矣夫斯人也而有斯疾也夫子過鄭與弟子相

失獨立郭門外或謂子貢曰東門有一人其頭似堯其頸似皐繇其肩似子產然自腰以下不及禹三寸儡儡如喪家之狗子貢以告孔子孔子喟然而笑曰形狀末也如喪家之狗然哉乎然哉乎

宗族

宗者何謂也宗尊也爲先祖主也宗人之所尊也禮曰宗人將有事族人皆待聖者所以必有宗何也所以長和睦也大宗能率小宗

小宗能率群弟通於有無所以紀理族人者也宗其爲始祖後者爲大宗此百世之所宗也宗其爲高祖後者五世而遷者也高祖遷於上宗則易於下宗其爲曾祖後者爲曾祖宗宗其爲祖後者爲祖宗宗其爲父後者爲父宗以上至高祖宗皆爲小宗以其轉遷別於大宗也別子者自爲其子孫爲祖繼別也各自爲宗小宗有四大宗有一凡有五宗人之親所以備矣諸侯奪宗明尊者宜之大夫

不得奪宗何曰諸侯世世傳子孫故奪宗大夫不傳子孫故不宗也喪服經曰大夫爲宗子不言諸侯爲宗子也族者何也族者湊也聚也謂恩愛相流湊也生相親愛死相哀痛有會聚之道故謂之族尚書曰以親九族族所以九何九之爲言究也親疏恩愛究竟也謂父族四母族三妻族二父族四者謂父之姓一族也父女昆弟適人有子爲二族也身女昆弟適人有子爲三族也身女子適人有

子爲四族也母族三者母之父母一族也母之昆弟二族也母昆弟子三族也母昆弟者男女皆在外親故合言之妻族二者妻之父爲一族妻之母爲二族妻之親略故父母各一族禮曰惟氏三族之不虞尚書曰以親九族義同也一說合言九族者欲明堯時俱三也禮所以獨父族四何欲言周承二弊之後民人皆厚於末故興禮母族妻之黨廢禮母族父之族足以與妻族以附父族也或言九

者據有交接之恩也若刑侯之姊覃公惟私也言四者據有服耳不相害所異也

姓名

人所以有姓者何所以崇恩愛厚親親遠禽獸別婚姻也故世別類使生相愛死相哀同姓不得相娶皆爲重人倫也姓生也人所稟天氣所以生者也詩云天生烝民尚書曰平章百姓姓所以有百何以爲古者聖人吹律定姓以記其族人含五常而生聲有五音宮

商角徵羽轉而相雜五五二十五轉生四時故百而異也氣殊音悉備故殊百也所以有氏者何所以貴功德賤伎力或氏其官或氏其事聞其氏即可知其所以勉人為善也或氏王父字何所以别諸侯之後為興滅國繼絕世也諸侯之子稱公子公子之子稱公孫公孫之子各以其王父字為氏故魯有仲孫季楚有昭屈原齊有高國崔立氏三以知其為子孫也王者之後二稱王子兄弟立而皆

封也或曰王孫上稱王孫也堯知命表稷契賜生子姓皐陶典刑不表姓言天任德遠刑禹姓姒氏祖以薏生殷姓子氏祖以玄鳥子也周姓姬氏祖以履大人跡生也人必有名何所以吐情自紀尊事人者也論語曰名不正則言不順三月名之何天道一時物有變人生三月目煦亦能笑與人相更荅故因其始有知而名之故禮服傳曰子生三月則父名之於祖廟於祖廟者謂子之親廟也明當

為宗祖主也一說名之於燕寢名者幼少卑賤之稱也寡略故於燕寢禮內則曰子生君沐浴朝服夫人亦如之立于阼階西南世婦抱子升自西階君命之士適子執其右手庶子撫其首君曰欽有師夫人曰記有成告於四境四境者所以遏絕萌牙禁備未然故曾子問曰世子生三月以名告于祖禰內則記曰以名告于山川社稷四境天子太子使士負子於南郊以桑弧蓬矢六射者何也此男

子之事也故先表其事然後食其祿必桑弧何桑者相逢接之道也保傅曰天子生舉之以禮使士負之者何齋肅端綏之郊見于天韓詩内傳曰太子生以桑弧蓬矢六射上下四方明當有事天地四方也殷以生日名子何殷家質故直以生日名子也以尚書道殷家太甲帝武丁也於臣民亦得以生日名子何亦不止也以尚書道殷臣有巫咸有祖巳也何以知諸侯不象王者以生日名子也以

太王名亶甫王季名歷殷之諸侯也易曰帝乙謂成湯帝乙謂六代孫也湯生於夏世何以用甲乙爲名曰湯王後乃更變名子孫法耳本名履故論語曰予小子履履湯名也不以子丑何曰甲乙者幹也子丑者枝也幹爲本本質故以甲乙爲名也名或兼或單何示非一也或聽其聲以律定其名或依事旁其形故名或兼或單也依其事者若后稷是也弃之因名之爲弃也旁其形者孔子首類魯

國尼丘山故名爲丘或旁其名爲之字者聞
名即知其字聞字即知其名若名賜字子貢
名鯉字伯魚春秋譏二名何所以譏者乃謂
其無常者也若乍爲名禄甫元言武庚名不
以日月山川爲名者少賤卑已之稱也臣子
當諱爲物示通故避之也曲禮曰二名不偏
諱逮事父母則諱王父母不逮父母則不諱
王父母也君前不諱詩書不諱臨文不諱郊
廟中不諱又曰君前臣名父前子名謂大夫

名卿弟名兄也明不敢諱於尊者前也太古之時所不諱者何尚質也故臣子不言其君父之名故禮記曰朝廷上值不諱正天名也人所以十月而生者何人天子之也經天地之數五故十月而備乃成人也人生所以位何本一幹而分得氣異息故泣重離母之義也尚書曰啓呱呱泣也人拜所以自名者何所以泣號自紀禮拜自後不自名何備陰陽也人所以相拜者何所以表情見意屈節卑

體尊事之者也拜之言服也所以必再拜何
法陰陽也尚書曰再拜稽首也必稽首何敬
之至也頭至地何以言首謂頭也禮曰首有
瘍則沐所以先拜首後稽首何名順其文質
也尚書曰周公拜首稽首人所以有字何冠
德明功敬成人也故禮士冠經曰賓北面字
之曰伯某甫又曰冠而字之敬其名也所以
五十乃稱伯仲者五十知天命思慮定也能
順四時長幼之序故以伯仲號之禮檀弓曰

幼名冠字五十乃稱伯仲論語曰五十而知天命稱號所以有四何法四時用事先後長幼兄弟之象也故以時長幼號曰伯仲叔季也伯者長也伯者子最長迫近父也仲者中也叔者少也季者幼也適長稱伯伯禽是也庶長稱孟以魯大夫孟氏男女異長各自有伯仲法陰陽各自有終始也春秋傳曰伯姬者何內女稱也婦人十五稱伯仲何婦人值少變陰陽道促蚤成十五通乎織紝之事思

處定故許嫁笄而字故禮經曰女子十五許
嫁笄禮之稱字之婦姓以配字何明不娶同
姓也故春秋曰伯姬歸于宋姬者姓也值字
所以於仲春何值者[illegible]故近於仲文子尊尊
故於伯仲之時物尚[illegible]叔之時物失之章即
如是周有八士論語曰伯達伯适仲突仲忽
叔夜叔夏季隨季騧積於叔何蓋以兩兩俱
生故也不積於伯季明其無二也文王十子
詩傳曰伯邑考武王發周公旦管叔鮮蔡叔

鐸成叔處霍叔武康叔封南季載載所以或上其叔何也管蔡霍成康南皆采也故上置叔上伯邑叔霍也以獨無乎盖以爲大夫者不是采地也

天地

天者何也天之爲言鎮也居高理下爲人鎮也地者易也言養萬物懷任交易變化也始起之天始起先有太初後有太始形兆既成名曰太素混沌相連視之不見聽之不聞然

後剖判清濁既分精出曜布度物施生精者爲三光號者爲五行行生情情生汁中汁中生神明神明生道德道德生文章故乾鑿度曰太初者氣之始也太始者形兆之始也太素者質之始也陽唱陰和男行女隨也天道所以左旋地道右周何以爲天地動而不别行而不離所以左旋右周者猶君臣陰陽相對之義男女摠名爲人天地所以無摠名何曰天圓地方不相類故無總名也君舒臣疾

卑者宜勞天所以反常行何以為陽不動無以行其教陰不靜無以成其化雖終日乾乾亦不離其處也故易曰終日乾乾反覆道也

日月

天左旋日月五星右行何日月五星比天爲陰故右行右行者猶臣對君也含文嘉曰計日月右行也刑德放日月東行而日行遲月行疾何君舒臣勞也日日行一度月日行十三度十九分度之七感精符曰三綱之義日

為君月為臣也日月所以懸晝夜者何助天
行化照明下地故易曰懸象著明莫大乎日
月日之爲言實也常滿有節月之爲言闕也
有滿有闕也所以有缺何歸功於日也八日
成光二八十六日轉而歸功晦至朔旦受符
復行故援神契曰月三日成魄也所以名之
爲星何星者精也據日節言也一日一夜適
行一度一日夜爲一日剩復分天爲三十六
度周天三百六十五度四分度之一日月經

千里也所以必有晝夜何備陰陽也日照晝
月照夜日所以有長短何陰陽更相用事也
故夏節晝長冬節夜長夏日宿在東井出寅
入戌冬日宿在牽牛出辰入申月大小何天
道左旋日月東行日日行一度月日行十三
度月及日爲一月至二十九日未及七度即
三十日者過行七度日不可分故月有大小
明有陰陽故春秋曰九月庚戌朔日有食之
十月庚辰朔日有食之此三十日也又曰七

月甲子朔日有食之八月癸巳朔日有食之此二十九日也月有閏餘何周天三百六十五日度四分度之一歲十二月日過十二度故三年一閏五年再閏明陰不足陽有餘也故讖曰閏者陽之餘

四時

所以名爲歲何歲者遂也三百六十六日一周天萬物畢死故爲一歲也尚書曰朞三百有六旬有六日以閏月定四時成歲春夏秋

冬時者期也陰陽消息之期也四時天異名何天尊名據其盛者爲名也春秋物變盛冬夏氣變盛春曰蒼天夏曰昊天秋曰旻天冬爲上天爾雅曰一說春爲蒼天等是也四時不隨正朔變何以爲四時據物爲名春當生冬當終皆以正爲時也或言歲或言載或言年何言歲者以紀氣物帝王共之據日爲歲春秋曰元年正月十有二月朔有朔有晦知據月斷爲言年載之言成也載成萬物終始

言之也二帝爲載三王言年皆謂閱閽故尚書曰三載四海遏密八音謂二帝也又曰諒陰三年謂三王也春秋傳曰三年之喪其實二十五月知闞闐日言祇月言晦月言朔日言朔何朔之言蘇也明消更生故言朔日晝見夜藏有朝夕故言朝也

衣裳

聖人所以制衣服何以爲絺綌蔽形表德勸善別尊卑也所以名爲裳何衣者隱也裳者

鄣也所以隱形自鄣閉也易曰黄帝堯舜垂衣裳而天下治何以知上爲衣下爲裳以其先言衣也詩曰褰裳涉溱所以合爲衣也弟子職言摳衣而降也名爲衣何上兼下也獨以羔裘何取輕煖因狐死首丘明君子不忘本也羔者取跪乳遜順也故天子狐白諸侯狐黄大夫蒼士羔裘亦因別尊卑也所以必有紳帶示謹敬自約整續繒爲結於前下垂三分身半紳居二焉必有鞶帶者示有事也

所以必有佩者論語曰去喪無所不佩天子佩白玉諸侯佩山玄玉大夫佩水蒼玉士佩瓀珉石佩即象其事若農夫佩其耒耜工匠佩其斧斤婦人佩其鍼鏤何以知婦人亦佩玉詩云將翱將翔佩玉將將彼美孟姜德音不忘

五刑

聖人治天下必有刑罰何所以佐德助治順天之度也故懸爵賞者示有勸也設刑罰者

明有所懼也刑所以五何法五行也科條三千者應天地人情也五刑之屬三千大辟之屬二百宮辟之屬三百腓辟之屬五百劓墨辟之屬各千張布羅縣非五刑不見劓墨何其下刑者也腓者其臏宮者女子淫執置宮中不得出也丈夫淫割去其勢也大辟者謂死也刑不上大夫何尊大夫禮不下庶人欲勉民使至於士故禮爲有知制刑爲無知設也庶人雖有千金衣幣不得服刑不上大夫

者據禮無大夫刑或曰撻笞之刑也禮不及庶人者謂酬酢之禮也

五經

孔子所以定五經者何以爲孔子居周之末世王道陵遲禮義廢壞强陵弱衆暴寡天子不敢誅方伯不敢伐閔道德之不行故周流應聘冀行其聖德自衛反魯自知不用故追定五經以行其道故孔子曰書曰孝乎惟孝友于兄弟施於有政是以爲政也孔子未定

五經如何周衰道失綱散紀亂五教廢壞故
五常之經咸失其所象易失理則陰陽萬物
失其性而乖設法謗之言並作書三千篇作
詩三百篇而歌謠怨誹也已作春秋後作孝
經何欲專制正於孝經何夫孝者自天子下
至庶人上下通孝經者夫制作禮樂仁之本
聖人道德已備弟子所以復記論語何見夫
子遭事異變出之號令失法文王所以演易
何文王受王不率仁義之道失爲人法矣已

之調和陰陽尚微故演易使我得卒至于太平日月之光明則如易矣伏羲作八卦何伏羲始王天下未有前聖法度故仰則觀象於天俯則察法於地觀鳥獸之文與地之宜近取諸物於是始作八卦以通神明之德以象萬物之情也經所以有五何經常也有五常之道故曰五經樂仁書義禮禮易智詩信也人情有五性懷五常不能自成是以聖人象天五常之道而明之以教人成其德也五經

何謂謂易尚書詩禮春秋也禮解曰温柔寬厚詩教也疏通知遠書教也廣博易良樂教也絜净精微易教也恭儉莊敬禮教也屬辭比事春秋教也春秋何常也則黄帝已來何以言之易曰上古結繩以治後世聖人易之以書契百官以理萬民以察後世聖人者謂五常也傳曰三王百世計神元書五帝之受録圖世史記從政録帝魁已來除禮樂之書三千二百四十篇也

白虎通德論卷第八

白虎通德論卷第九

臣班　固　纂集

嫁娶

人道所以有嫁娶何以爲情性之大莫若男女男女之交人情之始莫若夫婦易曰天地氤氳萬物化淳男女稱精萬物化生人承天地施陰陽故設嫁娶之禮者重人倫廣繼嗣也禮保傅記曰謹爲子嫁娶必擇世有仁義者禮男娶女嫁何陰卑不得自專就陽而成

之故傳曰陽倡陰和男行女隨男不自專娶女不自專嫁必由父母須媒妁何遠恥防淫泆也詩云娶妻如之何必告父母又曰娶妻如之何匪媒不得男三十而娶女二十而嫁陽數奇陰數偶男長女幼者陽舒陰促男三十筋骨堅強任爲人父女二十肌膚充盛任爲人母合爲五十應大衍之數生萬物也故禮內則曰男五十壯有室女二十壯而嫁七歲之陽也八歲陰也七八十五陰陽之數備

有相偶之志故禮記曰女子十五許嫁笄而字禮之稱字陰繫於陽所以專一之節也陽尊無所繫二十五繫者就陰節也陽舒而陰促三十數三終奇陽節也二十數再終偶陰節也陽小成於陰大成於陽故二十而冠三十而娶陰小成於陽大成於陰故十五而笄二十而嫁也一說春秋穀梁傳曰男二十五繫女十五許嫁感陰陽也陽數七陰數八男八歲毀齒女七歲毀齒陽數奇三三八二十

四加一爲五而繫心也陰數偶再成十四四加一爲五故十五許嫁也各加一者明專一繫心所以繫心者何防其淫佚也禮曰女子十五許嫁納采問名納吉請期親迎以鴈贄納徵曰玄纁故不用鴈贄用鴈者取其隨時南北不失其節明不奪女子之時也又取飛成行止成列也明嫁娶之禮長幼有序不相踰越也又婚禮贄不用死雉故用鴈也納徵玄纁束帛離皮玄三法天纁二法地也陽奇

陰偶唱陽道之大也離皮者兩皮也以爲庭
實庭實偶也禮昏經曰納采問名納吉請期
親迎皆用鴈納徵束帛離皮納徵辭曰吾子
有加命貺室某也有先人之禮離皮束帛使
某請納徵上某者聲名也下次某者使人名
也女之父曰吾子順先典貺某重禮某不敢
辭敢不承命納徵辭曰吾子有惠貺貺室某
某有先人之禮使某也請納采對曰某之子
惷愚又不能教吾子命之某不敢辭天子下

至士必親迎授綏者何以陽下陰也欲得其
歡心示親之心也夫親迎輪三周下車曲顧
者防淫泆也詩云文定厥祥親迎于渭造舟
爲梁不顯其光禮昏經曰賓升北面奠鴈再
拜拜手稽首降出婦從房中也從降自西階
揖御婦車授綏遣女於禰廟者重先人之遺
支體也不敢自專故告禰也父母親男女何
親親之至也父曰誡之敬之夙夜無違命女
必有端繡衣若笄之以施襟結帨曰勉之敬

之夙夜無違宮事父誡於阼階母誡於西階
庶母及門內施鞶祭紳以母之命命曰敬恭
聽爾父母言夙夜無愆視衿鞶祭去不辭誡
不諾者盖恥之重去也禮曰嫁女之家不絕
火三日相思離也娶婦之家三日不舉樂思
嗣親也感親年衰老代至也禮曰婚禮不賀
人之序也授綏姆辭曰未教未乞與爲禮也
始親迎於辭曰吾子命某以茲初昏使某將
請承命主人曰某故敬具以酒父命醮子遣

之迎命曰往迎爾相承我宗事率以敬先妣之嗣若則有常子曰諾唯恐不堪不敢忘命娶妻不先告廟到者示不必安也婚禮請期不敢必也婦人三月然後祭行舅姑既沒亦婦入三月奠采于廟三月一時物有成者人之善惡可得知也然後可得事宗廟之禮曾子曰女未廟見而死歸葬于女氏之黨示未成婦也嫁娶必以春者春天地交通萬物始生陰陽交接之時也詩云士如歸妻迨冰未

泮周官曰仲春之月合會男女令男三十娶女二十嫁夏小正曰二月冠子娶婦之時夫有惡行妻不得去者地無去天之義也夫雖有惡不得去也故禮郊特牲曰一與之齊終身不改悖逆人倫殺妻父母廢絕綱亂之大者義絕乃得去也天子諸侯一娶九女何重國廣繼嗣也適也者何法地有九州承天之施無所不生也娶九女亦足以成君施也九而無子百亦無益也王度記曰天子一娶九

女春秋公羊傳曰諸侯娶一國則二國往媵之以姪娣從之姪者何兄之子也娣者何女弟也或曰天子娶十二女法天有十二月萬物必生也必一娶何防淫泆也爲其棄德嗜色故一娶而已人君無再娶之義也備姪娣從者爲其必不相嫉妬也一人有子三人共之若已生之不娶兩娣何傳異氣也娶三國女何廣異類也恐一國血脉相似俱無子也姪娣年雖少猶從適人者明人者明人君無

毋娶之義也還待年於父母之國未任荅君
子也詩云姪娣從之祁祁如雲韓侯顧之爛
其盈門公羊傳曰叔姬歸于紀明待年也二
國來媵誰爲尊者大國爲尊國等以德德同
以色質家法天尊左文家法地尊右所以不
聘妾何人有子孫欲尊之義不可求人以
爲賤也春秋傳曰二國來媵可求人爲士不
可求人爲妾何士即尊之漸賢不止於士妾
雖賢不得爲適娶妻卜之何卜女之德知相

宜否昏禮經曰將加諸卜敢問女爲誰氏也人君及宗子父母自定娶者卑不主尊賤不主貴故自定之也昏禮經曰親皆没已聘命之詩云文定厥祥親迎于渭大夫功成封得備八妾者重國廣繼嗣也不更聘大國者不忘本適也故禮曰納女於諸侯曰備掃灑天子諸侯之世子皆以諸侯禮娶與君同示無再娶之義也王者之娶必先選于大國之女禮儀備所見多詩云大邦有子俔天之妹文

定厥祥親迎于渭明王者必娶大國也春秋
曰紀侯來朝紀子以嫁女於天子故增爵稱
侯至數十年之間紀侯無他功但以子爲天
王后故爵稱侯知雖小國者必封以大國明
其尊所不臣也王者娶及庶人者何開天下
之賢示不遺善也故春秋曰紀侯來朝交加
爲侯明封之也先封之明不與聖人交禮也
女行虧缺而去其國如之何以封爲諸侯比
例矣諸侯所以不得自娶國中何諸侯不得

專封義不可臣其父毋春秋傳曰宋三代無
大夫惡其内娶也不娶同姓者重人倫防淫
泆恥與禽獸同也論語曰君娶於吳爲同姓
謂之吳孟子曲禮曰買妾不知姓則卜之外
屬小功已上亦不得娶也以春秋傳曰譏娶
毋黨也王者嫁女必使同姓諸侯主之何婚
禮貴和不可相答爲傷君臣之義亦欲使女
不以天子尊乘諸侯也春秋傳曰天子嫁女
于諸侯必使諸侯同姓者主之諸侯嫁女于

大夫使大夫同姓者主之以其同宗共祖可以主親也故使攝父事不使同姓卿主之何尊加諸侯爲威厭不得舒也不使同姓諸侯就京師主之何諸侯親迎入京師當朝天子爲禮不兼春秋傳曰築王姬觀于外明不徃京師也所以必更築觀者何尊之也不於路寢路寢本所以行政處非婦人之居也小寢則嫌群公之舍則已卑矣故必改築於城郭之内傳曰築之禮也于外非禮也卿大夫妻

二妾者何尊賢重繼嗣也不備姪娣何北面之臣賤不足盡執人骨肉之親禮服經曰貴臣貴妾明有卑賤妾也士一妻何下御大夫禮喪服小記曰士妾有子則爲之緦娉嫡夫往而死媵當往否乎人君無再娶之義也天命不可保故一娶九女以春秋伯姬卒時娣季姬更嫁鄫春秋譏之適夫人死後更立夫人者不敢以卑賤承宗廟自立其娣者尊大國也春秋傳曰叔姬歸于紀叔姬者伯姬之

娣也伯姬卒叔姬升于嫡經不譏也或曰嫡
死不復更立明嫡無二防簒煞也祭宗廟攝
而巳以禮不聘爲妾明不升曾子問曰昏禮
既納幣有吉日女之父母死何如孔子曰壻
使人吊之如壻之父母死女亦使人吊之父
喪稱父母喪稱母父母不在則稱伯父世尊
壻巳葬壻之伯父叔父使人致命女氏曰某
子有父母之喪不得嗣爲兄弟使母致命女
氏許諾不敢嫁禮也壻免喪女父使人請壻

不娶而後嫁之禮也女之父母死壻亦如之婦人所以有師何學事人之道也詩云言告師氏言告言歸禮昏經曰告于公宮三月婦人學一時足以成矣與君無親者各教於宗廟婦之室國君取大夫之妾士之妻老無子者而明於婦道又祿之使教宗室五屬之女大夫士皆有宗族自於宗子之室學事人也女必有傅姆何尊之也春秋傳曰傅至矣姆未至婦人學事舅姑不學事必父母者示婦

與夫一體也禮內則曰妾事夫人如事舅姑尊嫡絶妒嫉之原禮服傳曰妾事女君與事舅姑同也婦事夫有四禮焉雞初鳴咸盥漱櫛縰笄總而朝君臣之道也惻隱之恩父子之道也會計有無兄弟之道也閨閫之內衽席之上朋友之道也聞見異辭故設此也有五不娶亂家之子不娶逆家之子世有刑人惡疾喪婦長子此不娶也出婦之義必送之接以賓客之禮君子絶愈于小人之交詩云

薄送我畿天子妃謂之后何后君也天下尊
之故謂之后明海內小人之君子也天下尊
之故繫王言之春秋傳曰迎王后于紀國君
之妻稱之曰夫人何明當扶進夫人謂八妾
也國人尊之故稱君夫人也自稱小童者謙
也言己智能寡少如童蒙也論語曰國君之
妻稱之曰夫人夫人自稱曰小童國人稱之
曰君夫人稱諸異邦曰寡小君謂聘問兄弟
之國及臣他國稱之謙之辭也妻者何謂妻

者齊也與夫齊體自天子下至庶人其義一
也妾者接也以時接見也嫁娶者何謂也嫁
者家也婦人外成以出適人爲嫁娶者取也
男女謂男者任也任功業也女者如也從如
人也在家從父母既嫁從夫夫没從子也傳
曰婦人有三從之義也夫婦者何謂也夫者
扶也扶以人道者也婦者服也服於家事事
人者也配疋者何謂相與偶也婚姻者何謂
也昏時行禮故謂之婚也婦人因夫而成故

曰姻詩云不惟舊因謂夫也又曰燕爾新婚謂婦也所以昏時行禮何示陽下陰也婚亦陰陽交時也男子六十閉房何所以輔衰也故重性命也又曰父子不同椸爲亂長幼之序也禮內則曰妾雖老未滿五十必預五日之御滿五十不御俱爲助衰也至七十大衰食非肉不飽寢非人不暖故七十復開房也

白虎通德論卷第九

白虎通德論卷第十

臣班固纂集

紼冕

紼者何謂也紼者蔽也行以蔽前紼蔽者小有事因以別尊卑彰有德也天子朱紼諸侯赤紼詩云朱紼斯皇室家君王又赤紼金舄會同有繹又云赤紼在股詩謂諸侯也書曰黼黻衣黃朱紼亦謂諸侯也並見衣服之制故遠別之謂黃朱亦赤矣大夫葱衡別於君

矣天子大夫赤紱蔥衡士靺韐朱赤者或盛色也是以聖人塗法之用爲紼服爲百王不易也紼以韋爲之者反古不忘本也上廣一尺下廣二尺天一地二也長三尺法天地人也所以有冠者帣也所以帣持其髮也人懷五常莫不貴德示成禮有修飾首別成人也士冠經曰冠而字之敬其名也論語曰冠者五六人童子六七人禮所以十九見正者示冠何漸三十之人耳男子陽也成於陰故二

十而冠曲禮曰二十弱冠言見正何以知不
謂正月也以禮士冠經曰夏葛屨冬皮屨明
非歲之正月也皮弁者何謂也所以法古至
質冠名也弁之言樊也所以樊持其髮也上
古之時質先加服皮以鹿皮者取其文章也
禮曰三王共皮弁素積裳也腰中辟積至質
不易之服反古不忘本也戰伐田獵此皆服
之麻冕者何周宗廟之冠也禮曰周冕而祭
又曰殷冔夏收而祭此三代宗廟之冠也十

一月之時陽氣冕仰黄泉之下萬物被施前
冕而後仰故謂之冕謂之詡者十二月之時
施氣受化詡張而後得牙故謂之詡謂之收
者十三月之時氣收本舉生萬物而達出之
故謂之收冕仰不同故前後垂也詡張故萌
大時物亦牙萌大也收而達故前俛大者在
後時物亦前俛也總所以用麻爲之者女功
之始亦不忘本也即不忘本不用皮皮乃太
古未有禮文之服故論語曰麻冕禮也尚書

王麻冕冕所以前後邃延者何示進賢退不
能也垂旒者示不現邪纊塞耳示不聽讒也
故水清無魚人察無徒明不尚極知下故禮
王藻曰十有二旒前後邃延禮器曰天子麻
冕朱綠藻垂十有二旒者法四時十二月也
諸侯九旒大夫七旒士爵弁無旒委皃者何
謂也周朝廷理政事行道德之冠名士冠經
曰委皃周道章甫殷道毋追夏后氏之道所
以謂之委皃何周統十一月爲正萬物萌小

故爲冠飾最小故曰委貌委貌者委曲有貌
也殷統十二月爲正其飾微大故曰章甫章
甫者尚未與極其本相當也夏者統十三月
爲正其飾最大故曰毋追毋追者言其追大
也爵弁者周人宗廟之冠也禮郊特牲曰周
弁士冠經曰周弁殷冔夏收爵何以知指謂
其色又乍言爵弁乍但言弁周之冠色所以
爵何爲周尚赤所以不純赤但如爵頭何以
本制冠者法天天色玄者不失其質故周加

赤殷加白夏之冠色純玄何以知殷加白也
周加赤知殷加白也夏殷士冠不異何古質
也以士冠禮知之

喪服

諸侯爲天子斬衰三年何普天之下莫非王
土率土之賓莫非王臣臣之於君猶子之於
父明至尊臣子之義也喪服經曰諸侯爲天
子斬衰三年天子爲諸侯絕其何示同愛百
姓明不獨親也故禮中庸曰朞之喪達乎諸

侯三年之喪達乎天子卿大夫降緦重公正
也禮庶人國君服齊衰三月王者崩京師之
民喪三月何民賤故恩淺故三月而已天子
七月而葬諸侯五月而葬者則民始哭素服
先葬三月成齊衰朞月以成禮葬君也禮不
下庶人所以爲民制何禮不下庶人者尊卑
制度也服者恩從內發故爲之制也王者崩
臣下服之有先後何恩有深淺遠近故制有
日月檀弓記曰天子崩三日祝先服五日官

長服七日國中男女服三月天下服三年之喪何二十五月以爲古民質痛於死者不封不樹喪期無數亡之則除後代聖人因天地萬物有終始而爲之制以期斷之父至尊母至親故爲於隆以盡孝子恩恩愛至深加之則倍故再朞二十五月也禮有取於三故謂之三年緣其漸三年之氣也故春秋傳曰三年之喪其實二十五月也三年之喪不以閏月數何以其言朞也朞者復其時也大功已

下月數故以閏月除禮士虞經曰言朞而小祥又朞而大祥喪禮必制衰麻何以副意也服以飾情情貌相配中外相應故吉凶不同服歌哭不同聲所以表中誠也布衰裳麻絰蕭笄繩纓苴杖爲略反本絰者亦示也故揔而載之示有喪也腰絰者以代紳帶也所以結之何思慕腸若結也必再結之何明思慕無已所以必杖者孝子失親悲哀哭泣三日不食身體羸病故杖以扶身明不以死傷生

也禮童子婦人不杖者以其不能病也禮曰
斬衰三日不食齊衰二日不食大功一日不
食小功緦麻一日不食再不食可也以竹何
取其名也竹者蹙也桐者痛也父以竹母以
桐何竹者陽也桐者陰也竹何以爲陽竹斷
而用之質故爲陽桐削而用之加人功文故
爲陰也故禮曰苴杖竹也削杖桐也所以必
居倚廬何孝子哀不欲聞人之聲又不欲居
故處居中門之外倚木爲廬質反古也不在

門外何戒不虞故也故禮大傳曰父母之葬居倚廬於中門外東墻下戶北面練而居堊室無餘之室又曰婦人不居倚廬又曰天子七日又曰公諸侯五日卿大夫三日而服成居外門內赤壁下爲廬寢苫塊哭晝無夜時不脫經帶既虞寢有席蔬食飲水朝一哭夕一哭而已既練舍外寢居堊室始食菜果及素食哭無時二十五月而大祥飲醴酒食乾肉二十七月而禫通祭宗廟去喪之殺也喪

禮不言者何思慕盡情也言不文者指謂士民不言而事成者國君卿大夫杖而謝賓財少恃力面垢作身不言而事具者故號哭盡情喪有病得飲酒食肉何所以輔人生已重先祖遺支體也故曲禮曰居喪之禮頭有瘡則沐身有瘍則浴有疾則飲酒食肉五十不致毀七十唯衰麻在身飲酒食肉又曰父母有疾食肉不至變味飲酒不至變貌笑不至矧怒不至詈琴瑟不御曾子問曰三年之喪練不群立不旅行禮以飾

情三年之喪而弔哭不亦虛乎禮檀弓曰曾子有母之喪弔子張子張者朋友有服雖重服弔之可也曾子問曰小功可以與祭乎孔子曰斬衰已下與祭禮也此謂君喪然也子夏問三年之喪既卒哭金革之事無避者禮與孔子曰吾聞諸老聃曰魯公伯禽則有爲之也今以三年之喪從其利者吾不知也婦人不出境弔者婦人無外事防淫佚也禮雜記曰婦人越疆而弔非禮也而有三年喪君與夫人俱往禮妻爲父母服

夫亦當服有不吊三何爲人臣子常懷恐懼
深思遠慮志在全身今乃畏厭溺死用爲不
義故不吊也檀弓曰不吊三畏厭溺也畏者
兵死也禮曾子記曰大辱加於身皮體毀傷
即君不臣士不交祭不得爲昭穆之尸食不
得昭穆之牲死不得葬穆之域也弟子爲師
服者弟子有臣君父子明友之道也故生則
尊敬而親之死則哀痛之恩深義重故爲之
隆服入則經出則否檀弓曰昔夫子之喪顏

回若喪子而無服喪子路亦然請喪夫子若
喪父而無服也曾子問曰君薨既殯而臣有
父母之喪則如之何孔子曰歸居于家有殷
事則之君所朝夕否曰君既斂而臣有父母
之喪則如之何孔子曰歸殯反于君所有殷
事則歸朝夕否大夫室老行事士則子孫行
事夫內子有殷事則亦鄉之君所朝夕否諸
侯有親喪聞天子崩奔喪者何爲也親親猶
尊尊之義也春秋傳曰天子記崩不記葬者

必其時葬也諸侯記葬不必有時諸侯爲有
天子喪奔不得必以其時葬也大夫使受命
而出聞父母之喪非君命不反者蓋重君也
故春秋傳曰大夫以君命出聞喪徐行不反
諸侯朝而有私喪何還何凶服不入公門君
不呼之義也凶服不敢入公門者明尊朝廷
吉凶不相干故周官曰凶服不入公門曲禮
曰居喪不言樂祭事不言凶公庭不言婦女
論語曰子於是日哭則不歌臣下有大喪不

呼其門者使得終其孝道成其大禮春秋傳曰古者臣有大喪君三年不呼其門聞哀哭而後行何盡哀歸煩然後行望國境則哭過市朝則否君子自抑小人勉以及禮見星則止日行百里惻怛之心但欲見尸柩汲汲故禮奔喪以哭荅使者盡哀問故遂行曾子曰師三十里者行五十里奔喪百里既除喪乃歸哭於墓何明哉者不可見痛傷之至也謂喪不得追服者也哭於墓而已故禮奔喪記

曰之墓西向哭止此謂遂出歸後葬喪服以禮除曾子與客立於門其徒趨而出曾子曰爾將何之曰吾父死將出哭於巷曾子曰反哭於爾次曾子北面而吊焉檀弓記曰孔子曰吾惡乎哭諸兄弟吾哭諸廟門之外師吾哭諸寢朋友吾哭諸寢門外所知吾哭諸野養從生葬從死周公以王禮葬何以爲周公踐祚理政與天同志展興周道顯天度數萬物咸得休氣充塞原天之意予愛周公與文

武無異故以王禮葬使得郊祭尚書曰今天
動威以彰周公之德下言禮亦宜之

崩薨

書曰成王崩天子稱崩何別尊卑異生死也
天子曰崩大尊像崩之爲言崩伏强天下撫
擊失神明黎庶殞涕海内悲涼諸侯曰薨國
失陽薨之言奄也奄然亡也大夫曰卒精燿
終卒卒之爲言終於國也士曰不祿失其忠
節不忠終君之祿祿之言消也身消名彰庶

人曰死魂去亡死之爲言澌精氣窮也崩薨紀於國何以爲有尊卑之禮謚號之制即有矣禮始於黃帝至堯舜而備易言復者據遂也書殂落死者矣各自見義堯皆憯痛之舜見終各一也喪者何謂也喪者亡人死謂之喪言其亡不可復得見也不直言喪何爲孝子心不忍言尚書曰武王既喪喪終曰死爲適室知據死者稱喪也生者喪痛之亦稱喪禮曰喪服斬衰易曰不封不樹喪期無數孝

經曰孝子之喪親也是施生者也天子下至庶人俱言喪何欲言身體髮膚俱受之父母其痛一也天子崩訃告諸侯何緣臣子喪君哀痛憤懣無能不告語人者也諸侯欲聞之又當持土地所出以供喪事故禮曰天子崩遣使者訃諸侯王者崩諸侯悉奔喪何臣子悲哀慟怛莫不欲覩君父之棺柩盡悲哀者也又爲天子守蕃不可頓空也故分爲三部有始死先奔者有得中來盡其哀者有得會

喪奉送君者七月之間諸侯有在京師親供
臣子之事者也號泣悲哀奔走道路者有居
其國哭痛思慕竭盡所供以助喪事者是四
海之内咸悲臣下若喪考妣之義也葬有會
者親疏遠近盡至親親之義也童諸侯不朝
而來奔喪者何明臣子於其君父非有老少
也亦因喪質無般旋之禮但盡悲哀而已臣
死亦赴告於君何此君哀痛於臣子也欲聞
之加賻賵之禮故春秋曰蔡侯考父卒傳曰

卒赴而葬禮也諸侯薨赴告隣國何縁隣國欲有禮也春秋傳曰桓母喪告於諸侯桓母賤尚告於諸侯諸侯薨告隣國明矣諸侯夫人薨告天子者不敢自廢政事天子亦欲知之當有禮也春秋曰天子使宰喧來歸惠公仲子之賵譏不及事仲子者魯君之貴妾也何况於夫人乎諸侯薨使臣歸瑞珪於天子何諸侯以瑞珪爲信今死矣嗣子諒闇三年之後當乃更爵命故歸之推讓之義也禮曰

諸侯薨使臣歸瑞珪於天子天子聞諸侯薨
哭之何慘怛發中哀痛之至也使大夫弔之
追遠重終之義也故禮檀弓曰天子哭諸侯
爵弁純衣又曰遣大夫弔詞曰皇天降災子
遭離之難嗚呼哀哉大王使臣某弔臣子死
君往弔之何親與之共治民恩深義重厚欲
躬見之故禮雜記曰君弔臣主人待于門外
見馬首不哭君至主人先入君升自阼階西
向哭王人居中庭從哭或曰大夫疾君問之

無數士疾二問之而大夫卒比葬不食肉比卒哭不舉樂士比殯不舉樂玄冠不以吊者不以吉服臨人凶示助哀也論語曰羔裘玄冠不以吊崩薨三日乃小斂何奪孝子之恩以漸也一日之時屬纊於口上以候絶氣二日之時尚冀其生三日之時魂氣不還終不可奈何故禮士喪經曰御者四人皆坐持禮屬纊以候絶氣禮曰天子諸侯三日小斂大夫士二日小斂屬纊於口者孝子欲生其親

也人死必沐浴於中霤何示潔淨反本也禮檀弓曰死於牖下沐浴於中霤飯唅於牖下小斂於戶內大斂於阼階殯於客位祖於庭葬於墓所以即遠奪孝子之恩以漸也所以有飯唅何緣生食今死不欲虛其口故唅用珠寶物何也有益死者形體故天子飯以玉諸侯以珠大夫以米士以貝也贈襚何謂也贈之爲言稱也玩好曰贈襚之爲言遺也衣被曰襚知死者則贈襚所以助生送死追

恩重終副至意也贈賵者何謂也贈者助也
所以相佐給不足也故吊辭曰知生則賻貨
財曰賻車馬曰賵天子七日而殯諸侯五日
而殯享有小大所供者不等故王制曰天子
七日而殯諸侯五日而殯卿大夫三日而殯
夏后氏殯於阼階殷人殯於兩楹之間周人
殯於西階之上何夏后氏教以忠忠者厚也
曰生吾親也死亦吾親也主人宜在阼殷人
教以敬曰死者將去又不敢客也故置之兩

楹之間賓主共夾而敬之周人教以文曰死

者將去不可又得故賓客之也檀弓記曰夏

后氏殯於阼階殷人殯於兩楹之間周人殯

於西階稽命徵曰天子舟車殯何爲避水火

災也故棺在車上車在舟中臣子更執紼晝

夜常百二十二人紼者所以掌持棺也故禮

曰天子舟車殯諸侯車殯大夫倚塗士瘞尊

卑之差也祖於庭何盡孝子之恩也祖者始

也始載於庭也乘軸車辭祖禰故名爲祖載

也禮曰祖於庭葬於墓文曰適祖昇自西階所以有棺槨何所以掩藏形惡也不欲令孝子見其毀壞也棺之爲言之皃所以藏尸令皃全也槨之爲言廓所以開廓辟土無令迫棺也禮王制曰天子棺槨九重衣衾百二十稱千領大度曰公侯五重衣衾九十稱士再重禮曰大夫有大棺三重衣衾五十稱士無大棺二重衣衾三十稱單袷備爲一稱禮檀弓曰天子棺四重水光革棺被之其厚三寸

墍棺一梓棺二栢椁以端長六尺有虞氏瓦棺今以木何虞尚質故用瓦夏后氏益文故易之以堲周謂堲木相周無膠漆之周也殷人棺椁有膠漆之用周人浸文墻置翣加巧飾喪葬之禮緣生以事死生時無死亦不敢造太古之時穴居野處衣皮帶革故死衣之以薪内藏不飾中古之時有宫室衣服故衣之幣帛藏以棺椁封樹識表體以象生夏殷彌文齊之以器械至周大文緣夫婦生時同

室死同葬之尸柩者何謂也尸之爲言失也陳也失氣亡神形體獨陳柩之爲言究也久也不復章也曲禮曰在床曰尸在棺曰柩崩薨別號至墓同何也時臣子藏其君父安厝之義貴賤同葬之爲言下藏之也所以入地何人時於陰含陽光死始入地歸所與也天子七月而葬諸侯五月而葬何尊卑有差也天子七月而葬同軌必至諸侯五月而葬同會必至所以慎終重喪也禮曰家人奉圖先

君之葬君居以中昭穆為左右群臣從葬以
貴賤序合葬者所以固夫婦之道也故詩曰
穀則異室死則同穴又禮檀弓曰合葬非古
也自周公已來未之有改也葬於城郭外何
死生別處終始異居易曰葬之中野所以絕
孝子之思慕也傳曰作樂於廟不聞於墓哭
泣於墓不聞於廟所以於北方何就陰也檀
弓曰孔子卒所以受魯君之璜玉葬魯城北
又因於邑北北首三代之達禮也封樹者所

以爲識故檀弓曰古也墓而不墳今丘也東西南北之人也不可以不識也於是封之崇四尺春秋含文嘉曰天子墳高三仞樹以松諸侯半之樹以栢大夫八尺樹以欒士四尺樹以槐庶人無墳樹以楊柳

白虎通德論卷第十